U0057573

口述史學
Oral History

楊祥銀 / 著

孟樊 / 策劃

出版緣起

　　社會如同個人，個人的知識涵養如何，正可以表現出他有多少的「文化水平」（大陸的用語）；同理，一個社會到底擁有多少「文化水平」，亦可以從它的組成分子的知識能力上窺知。眾所皆知，經濟蓬勃發展，物質生活改善，並不必然意味著這樣的社會在「文化水平」上也跟著成比例地水漲船高，以台灣社會目前在這方面的表現上來看，就是這種說法的最佳實例，正因為如此，才令有識之士憂心。

　　這便是我們——特別是站在一個出版者的立場——所要擔憂的問題：「經濟的富裕是否也使台灣人民的知識能力隨之提升了？」答案恐怕是不太樂觀的。正因為如此，像《文化手邊冊》這樣的叢書才值得出版，也應該受到重視。蓋一個社會的「文化水平」既

然可以從其成員的知識能力（廣而言之，還包括文藝
涵養）上測知，而決定社會成員的知識能力及文藝涵
養兩項至爲重要的因素，厥爲成員亦即民眾的閱讀習
慣以及出版（書報雜誌）的質與量，這兩項因素雖互
爲影響，但顯然後者實居主動的角色，換言之，一個
社會的出版事業發達與否，以及它在出版質量上的成
績如何，間接影響到它的「文化水平」的表現。

那麼我們要繼續追問的是：我們的出版業究竟繳
出了什麼樣的成績單？以圖書出版來講，我們到底出
版了哪些書？這個問題的答案恐怕如前一樣也不怎麼
樂觀。近年來的圖書出版業，受到市場的影響，逐利
風氣甚盛，出版量雖然年年爬升，但出版的品質卻令
人操心；有鑑於此，一些出版同業爲了改善出版圖書
的品質，進而提升國人的知識能力，近幾年內前後也
陸陸續續推出不少性屬「硬調」的理論叢書。

這些理論叢書的出現，配合國內日益改革與開放
的步調，的確令人一新耳目，亦有助於讀書風氣的改
善。然而，細察這些「硬調」書籍的出版與流傳，其
中存在著不少問題。首先，這些書絕大多數都屬「舶
來品」，不是從歐美「進口」，便是自日本飄洋過海而
來，換言之，這些書多半是西書的譯著。其次，這些

書亦多屬「大部頭」著作，雖是經典名著，長篇累牘，則難以卒睹。由於不是國人的著作的關係，便會產生下列三種狀況：其一，譯筆式的行文，讀來頗有不暢之感，增加瞭解上的難度；其二，書中闡述的內容，來自於不同的歷史與文化背景，如果國人對西方（日本）的背景知識不夠的話，也會使閱讀的困難度增加不少；其三，書的選題不盡然切合本地讀者的需要，自然也難以引起適度的關注。至於長篇累牘的「大部頭」著作，則嚇走了原本有心一讀的讀者，更不適合作爲提升國人知識能力的敲門磚。

　　基於此故，始有《文化手邊冊》叢書出版之議，希望藉此叢書的出版，能提升國人的知識能力，並改善淺薄的讀書風氣，而其初衷即針對上述諸項缺失而發，一來這些書文字精簡扼要，每本約在六至七萬字之間，不對一般讀者形成龐大的閱讀壓力，期能以言簡意賅的寫作方式，提綱挈領地將一門知識、一種概念或某一現象（運動）介紹給國人，打開知識進階的大門；二來叢書的選題乃依據國人的需要而設計，切合本地讀者的胃口，也兼顧到中西不同背景的差異；三來這些書原則上均由本國學者專家親自執筆，可避免譯筆的詰屈聱牙，文字通曉流暢，可讀性高。更因

爲它以手冊型的小開本方式推出，便於攜帶，可當案
頭書讀，可當床頭書看，亦可隨手攜帶瀏覽。從另一
方面看，《文化手邊冊》可以視爲某類型的專業辭典或
百科全書式的分冊導讀。

　　我們不諱言這套集結國人心血結晶的叢書本身
所具備的使命感，企盼不管是有心還是無心的讀者，
都能來「一親她的芳澤」，進而藉此提升台灣社會的
「文化水平」，在經濟長足發展之餘，在生活條件改善
之餘，國民所得逐日上升之餘，能因國人「文化水平」
的提升，而洗雪洋人對我們「富裕的貧窮」及「貪婪
之島」之譏。無論如何，《文化手邊冊》是屬於你和我
的。

孟　樊

一九九三年二月於台北

序

一、研究緣起

　　所謂口述歷史（oral history），簡單地說，就是透過傳統的筆錄或者錄音和錄影等現代技術手段的使用，記錄歷史事件的當事人或者目擊者的回憶而保存的口述憑證。

　　口述史學起源於遠古時代的民間傳統，是歷史學的最早形式。蘭克學派興起後，文獻資料被看作是「最可靠的和最有價值的記錄」，口述史學便逐漸失去了原有的地位。二十世紀中葉以來，由於現代電子工業技術的發展與進步，以及現代歷史學科整合與分化趨勢的逐步演進，口述史學重新得到發展。

　　作為現代口述史學興起的標誌是一九四八年哥

倫比亞大學口述歷史研究室（Columbia University Oral History Research Office）的建立。經過五十多年的發展，口述史學在美國、英國、加拿大、澳大利亞、紐西蘭和新加坡等國家相繼得到發展，並且廣泛應用於社會學、文學、人類學、民俗學、災難學、新聞學、醫學等社會和人文以及自然科學領域，它在推動跨學科研究中起到了非常重要的作用。簡單地說，口述史學已經成爲一種非常普遍的研究方法。不管是歷史學家、社會學家、人類學家、新聞記者、圖書館工作者，還是醫務人員，都用此方法進行研究和從事工作。

　　對於我來說，接觸乃至從事口述史學研究是非常偶然的。那是一九九九年五月，也就是我大學二年級的下學期，我在查閱一份美國著名歷史學雜誌──《美國歷史雜誌》（*Journal of American History*）時，發現從一九八七年開始，每年的夏季版都有一個“Oral History”專欄（這種傳統一直持續下去），這種情況在這份雜誌出現是非常令人驚訝的，因爲它是美國歷史學界最權威的雜誌之一，每年只有四期，而且一期中也只有爲數不多的七、八篇論文，此外大部分是書評和參考文獻。這樣一個跡象表明“Oral History”在美國，至少在美國歷史學界有著特殊的地位。當時，我

突然覺得 "Oral History" 應該「有所作爲」。

　　但是，那時我根本不知道什麼是 "Oral History"，經過查閱相關的詞典，知道它的中文意思有「口述史學」、「口述歷史」、「口碑史學」、「口頭史學」和「口碑史料學」等等解釋，這才明白在美國歷史學界如此受重視的 "Oral History"，就是中國歷史學界慣稱的「口碑史學」、「口碑史料」。不過，最後我還是採用了「口述歷史」（作爲一種歷史表現形式而言）和「口述史學」（作爲歷史學一門分支學科而言）這種說法。

　　如何著手研究成爲我當時最大的困難，因爲畢竟口述史學對我來說是一個全新的領域。不過，我覺得首先應該瞭解前人的研究成果。於是，我查閱了一九七○年代以來的全國報刊目錄索引，最後總算查到了十幾篇論文。看完這些論文之後，對於什麼是口述史學、口述史學的特點和性質，以及口述史學在國外的開展情況有了大概的瞭解。對於一九九九年之前中國學者發表的關於口述史學的論文，主要可以分爲三類：「呼籲類」，即呼籲中國史學界應該關注和研究口述史學；「介紹類」，即介紹國內外的口述史學開展情況；「探討類」，即就口述史學自身的理論、方法和學

科性質等問題做出初步分析。

　　可是，我覺得口述史學領域還有相當多的問題值得探討，尤其是口述史學的深層次理論和方法問題。出於國內研究資料缺乏，也沒有專業的口述歷史教師從事這方面的研究，所以，我感到向國外口述史學發達國家的口述歷史學家學習才是最好的選擇。可是與他們怎麼聯繫呢？如果按照傳統的郵寄方式，那麼這種學術交流的周期太長了。所以，我便透過 Internet 直接查詢他們的電子郵件地址。就是通過這種方式，我與美國、英國、加拿大、澳大利亞、紐西蘭、德國、西班牙、義大利、南非、巴西、阿根廷、墨西哥、新加坡等國家的口述歷史學家取得了聯繫，其中不乏當代國際著名的口述歷史學家。我不斷地給他們發電子郵件，透過「一問一答」的方式瞭解到了當前國際口述史學的最新理論和方法，而且他們給我提供了大量的口述史學資料。正是如此，我能夠站在當前國際口述史學發展的前沿，在中國從事自己的口述史學研究。

　　當然，口述史學是一門實踐性很強的歷史學分支學科，很多方法與理論的探討需要在實踐中加以總結。期間，筆者做了一系列的口述歷史訪談。為了擴大口述史學在同學們之中的影響，一九九九年十一

月，我在吉林大學歷史系開辦了一個短期的口述史學班級（Oral History Class），對象為系裏對口述史學感興趣者，主要講授口述史學的基本理論和方法。遺憾的是限於我的學生角色以及其他條件的限制，這個班級並沒有開展實際的口述歷史計畫，不過，透過一段時間的學習，不僅讓更多的同學瞭解了什麼是口述史學，而且深化了我對口述史學的系統理解。

可是，畢竟我的活動範圍是有限的，我急切地希望學術界能夠關注口述史學。於是，便有了寫一本口述史學專著的念頭，不過當時我還是有點擔心能不能勝任。最後，是我的自信和我對於口述史學前景的信心，使我最終決定寫這本書。故從二〇〇〇年二月份開始籌劃這本書，初稿完成於二〇〇〇年六月，期間反覆修改並增加新的內容。

二、內容簡介

此書主要包括六個部分：理論篇、方法篇、應用篇、課堂篇、閱讀篇與參考文獻部分。

〈理論篇〉探討了口述史學的一些基本理論，涉及口述史學簡史、定義、特點、興起和發展原因、功用以及面臨的挑戰。為了將國外最新的理論介紹過

來，理論方面提出的問題，都是筆者與國外的著名口述歷史學家經過磋商的。至於什麼是口述史學，每個人給出的回答都不一樣，筆者分析了產生這些差異的根源。關於口述史學的特點是筆者第一次總結出來的，我相信這個總結是非常有價值的。關於口述史學理論的論述，不僅與當前的口述史學發展保持緊密的聯繫，而且筆者還對這些理論進行了自己的評價和分析，以期為讀者提供參考意見。至於口述史學的功用和面臨的挑戰，筆者做出了詳細的論述，而且在論述時，都輔以具體的例子，以期讀者更加具體和形象地理解問題。

〈方法篇〉中筆者採用了個案研究的方式，也就是通過一項口述歷史專案的基本程序來闡述口述史學的方法論問題：包括選題、口述歷史訪談、口述歷史資料的整理和編輯、口述歷史的保存和傳播，以及法律和道德考量。目前中文學術界撰寫的關於口述史學的論文，很少對這些問題進行詳細的闡述，而事實上，最需要的還是這些問題，即使對這些問題的理解最好的方式是通過實踐，可是筆者相信一種模式是很重要的。尤其是其中的「法律和道德考量」，這個問題一直為很多口述歷史學工作者所忽視，在國外因為這些問

題就有很多的訴訟案。所以，關於法律和道德問題的
論述為那些剛剛從事口述史學的工作者提供了一個很
好的借鑑。

〈應用篇〉限於筆者學識，無法對其展開詳盡的
論述，所以主要透過引言性的介紹和提供參考文獻的
方式，簡單地展示了口述史學的跨學科性質。

〈課堂篇〉主要分析了口述歷史與課堂教學的關
係。這部分將介紹口述史學教學在全球的開展情況，
並從口述史學的特點入手，來闡述口述史學教學的作
用以及對學生和教師的要求，最後總結口述史學教學
發展所面臨的問題和困難。

〈閱讀篇〉集中介紹了幾本在國際口述歷史學界
頗有影響的口述史學理論和方法的英文讀本，希望透
過對它們的介紹為同行提供某些借鑑和參考。

參考文獻部分主要羅列了作者實踐中收集到的
口述史學相關資源，包括論文（英文論文數量眾多，
不再羅列）、專著、口述史學期刊與網路資訊，這些對
於剛剛從事口述史學研究的工作者來說，是一個全面
地瞭解口述史學的極好資源。

三、兩點説明

第一，本書中相當一部分內容從二○○○年開始就在公開的學術刊物上發表，如讀者發現其他作者的書或論文與本書的內容有相似之處，請讀者核對筆者在期刊上發表的文章，因爲筆者發現曾有人剽竊我的文章於本書出版之前公開發表，爲避免不必要的學術糾紛，特此說明。

第二，本書是筆者《與歷史對話：口述史學的理論與實踐》（中國社會科學出版社二○○四年一月出版）一書的簡明版，欲瞭解更爲豐富的內容請讀者查閱《與歷史對話》一書。

四、致謝

在此書完稿之際，我要向那些對我的學習給予熱情支持和幫助的同行、老師、朋友、同學以及我的家人表示衷心的感謝。我特別要感謝的是我的口述史學啓蒙老師美國肯塔基米德威學院（Midway College）的克里斯蒂娜・米尼斯特（Kristina Minister）教授和美國威斯康辛大學（University of Wisconsin-Milwaukee）歷史系的邁克爾・格登（Michael Gordon）

教授。這兩位教授在我從事口述史學研究的初期給了
我很大的幫助，不僅熱心地回答我提出的疑問，而且
提供了大量的寶貴資料。

　　感謝中國社會科學院世界歷史研究所于沛研究
員、姜芃研究員、吉林大學歷史系劉德斌教授、張乃
和博士、臺灣大學歷史系古偉瀛教授、中央研究院黃
克武研究員、哥倫比亞大學口述歷史研究室主任羅納
德‧格里（Ronald J. Grele）教授、美國參議院辦公室
特約歷史學家唐納德‧里奇（Donald A. Ritchie）先生、
美國口述歷史教學家協會主席巴里‧蘭曼（Barry
Lanman）先生、義大利羅馬大學阿利桑喬‧波特利
（Alessandro Portelli）教授、英國國家圖書館聲像檔
案館主任羅伯‧帕克斯（Rob Perks）先生、國際口述
歷史協會副主席阿利斯泰爾‧湯姆森（Alistair
Thomson）先生、香港浸會大學歷史系黃文江教授、
臺灣中央研究院王明珂研究員、澳大利亞口述歷史協
會主席貝思‧羅伯特森（Beth M. Robertson）先生、
紐西蘭國家口述歷史協會主席梅甘‧哈特琴（Megan
Hutching）女士、美國印第安那大學歷史系主任約翰‧
博德納（John Bodnar）教授、《口述歷史評論》書評主
編瓦萊利‧拉雷海（Valerie Yow Raleigh）先生，他們

爲筆者提供了大量的寶貴資料、建設性意見以及其他幫助。

　　最後，我要特別感謝我的父母，他們的無私支持是我前進的最大動力。

楊祥銀

二○○四年元旦

於北京中國社會科學院研究生院

目　錄

出版緣起　i

序　v

第一章　理論篇：口述史學基本理論管窺　1

一、口述史學簡史　1

二、什麼是口述歷史？　7

三、口述史學能否成為一門學科？　10

四、口述史學、公共歷史學和學院歷史學　12

五、口述史學興起和發展的原因　14

六、口述史學的特點　22

七、口述史學的功用　36

八、口述史學面臨的挑戰　48

第二章　方法篇：一項口述歷史專案的基本程序　65

一、口述歷史專案選題分析　66

二、口述歷史訪談　73

三、口述歷史資料的整理和編輯　110

四、口述歷史資料的保存和傳播　121

五、法律和道德考量　136

第三章　應用篇：口述史學的跨學科思考　167

一、婦女史與女性主義研究　168

二、口述歷史、記憶與語言　173

三、民俗學　175

四、醫學　177

五、社區研究　177

第四章　課堂篇：口述史學與課堂教學　185

一、口述歷史教學的興起和發展　186

二、如何進行口述歷史教學　196

三、口述歷史教學的作用　202

四、口述歷史教學面臨的問題　205

五、口述歷史教學在中國　210

第五章　閱讀篇：介紹幾本口述史學讀本　219

一、《過去的聲音：口述歷史》　221

二、《聲音外殼：口述歷史的藝術》　224

三、《互動式口述歷史訪談》　228

四、《記錄口述歷史：社會科學家的實踐指南》　231

五、《從事口述史學》　233

六、《口述史學：跨學科文集》　236

七、《口述史學讀本》　238

參考書目　247

第一章　理論篇：
口述史學基本理論管窺

　　儘管口述史學是一門實踐性很強的歷史學分支學科，可是要從根本上推動和促進口述史學在史學界乃至整個學術界的地位，必須從理論上加強口述史學自身體系和框架的建設。本章將從口述史學簡史、什麼是口述歷史、現代口述史學誕生的歷史背景、口述史學的特點、口述史學的功用，以及口述史學面臨的挑戰等方面，來探討口述史學的基本理論問題。

一、口述史學簡史[1]

　　口述史學的英文含義是"Oral History"。這一術語正式產生於一九四〇年代。據美國口述歷史協會（Oral

History Association）記載：「一九四八年哥倫比亞大學歷史學家阿蘭・內文斯（Allan Nevins）開始記錄美國生活中顯要人物的回憶，從那時起口述史學作爲當代歷史文獻研究的新手段而正式創立起來。」[2]事實上，內文斯教授早在一九三八年，就在他的著作——《通向歷史之路》（*Gateway to History*）中提出開展口述史學研究的呼籲，他認爲應該「創立一個組織，系統地收集和記錄口頭傳統和六十年內參加國家、社會、政治、經濟和文化生活的著名美國人士的回憶」[3]。一九四八年，內文斯在哥倫比亞大學創建了美國歷史上第一個口述史學研究機構——哥倫比亞大學口述歷史研究室，標誌著口述史學進入了一個全新的發展階段，即現代口述史學[4]。

　　顯然，口述史學的現代應用不過是新近的事。但這並不意味著它沒有自己的歷史，正如英國著名口述歷史學家保羅・湯普森（Paul Thompson）所說的，「事實上，口述史學就如歷史一樣悠久。它是歷史的第一種形式」[5]。在文字產生之前，人們爲了將先輩們的歷史盡可能完整地傳遞下去，除了一些簡單的符號記憶（據記載，北美印第安人、非洲各部落等都曾利用打結的繩頭、貝殼、斑紋、圖畫等來記錄他們的經歷）

之外，主要是依賴於口耳相傳。在中華文化五千年的文明史上，迄今發現的最早的文字是甲骨文，它產生於商的先公示壬、示癸時期[6]。很顯然，這之前的歷史大部分是透過口頭世代相傳的。

　　文字出現以後，大量的文字史料成爲歷史學家研究的主要來源。即使如此，對口頭資料的應用就從來沒有割斷過，只不過與文字資料相比顯得太相形見絀了。之所以說口頭資料仍然受到歷史學家的重視，這可以從「文獻」一詞的意義中看出。「文獻」一詞的出現最早可見於孔子的《論語》：「夏禮吾能言之，杞不足徵也。殷禮吾能言之，宋不足徵也。文獻不足故也。足則吾能徵之矣。」[7]當然，這裏孔子並沒有明確指出所謂的文獻都包含什麼，也無從考證。不過，後人對「文獻」的理解儘管表述不一，意思卻很相近——即認爲「文獻」就是文獻資料和口頭資料。宋馬端臨說：「文，是經史、歷代會要以及百家傳記之書；獻，是臣僚的奏疏、諸儒的評論、名流的燕談和稗官的記錄。」[8]清焦循說：「文是典籍，獻是賢士大夫的記述。」[9]清徐灝說：「諸典者文也。傳諸其人者獻也。」[10]

　　回顧中西史學史的發展歷程，我們便可發現很多歷史學家很早就採用了「口述史學」方法並對其有所

研究。在中國，司馬遷的《史記》便是久負盛名的「口
述史學」著作先例，他在撰寫《史記》的過程中搜集
了大量的口頭傳說。而在西方，利用口頭傳說編撰而
成的《荷馬史詩》，在西方口述史學的歷史上也是抹不
去的一頁。相傳在西元前八世紀，一位叫荷馬的詩人
廣泛地搜集口頭傳說，改編成兩部史詩《伊里亞特》
和《奧德賽》。

　　對於口述歷史（或者稱口述資料）客觀性的質疑
一直是「口述史學」發展的主要障礙，很多歷史學家
都猛烈抨擊它作爲一種史料的合法性。進入十九世紀
中葉以後，尤其是隨著蘭克學派的興起，檔案館的資
料被唯一列爲「偏主觀」史料之外。蘭克斷言在歷史
事件發生期間的記載是最可靠的歷史證據。在撰寫《宗
教改革時期的德意志史》的過程中，他從故紙堆中挖
掘出大量珍貴的資料，這使得他對文獻資料深信不
疑：「我看到這樣一個時期正在到來，那就是，我們在
編寫近代史時，甚至不再依靠當代史家的記載（除非
是他們提出了原始知識的地方）。」[11]蘭克的學術思想
和方法廣泛傳播，培養出一大批在德國、法國、英國
和美國等地頗具影響的歷史學家，因而也形成以「客
觀主義治史原則」著稱的科學歷史德意志派。蘭克的

追隨者們致力於將歷史由一種文學形式轉變成一種依
賴大量史證的學術性科目，並將口述資料貶低為鄉野
傳說和神話，認為只有那些善意幼稚的愛好者和文物
工作者才會大加讚賞。從此，「口述史學」便遭到冷落。

　　二十世紀初年，蘭克學派的「歷史科學規律」遭
到了挑戰。首先是來自科學自身的進步，「科學的進步
使既定的科學規律或定律的精確性和絕對性的神話失
去了魔力」[12]。同時，由於新史學運動的興起，傳統
的史學研究方法已不適應歷史學發展的新潮流，很多
歷史學家便重新提出發展口述歷史方法的呼籲。正如
上面所說的，一九三八年內文斯就主張透過採訪當代
顯要人士，獲得近六十年來這些人所親身經歷的政
治、經濟、文化等歷史事件的全面記錄。一九四八年
哥倫比亞大學口述歷史研究室的建立正式標誌著口述
史學新的發展階段的到來，儘管這一舉措遭到那些認
為口述歷史不可靠的傳統史學家的反對，但是口述史
學憑著自身的獨特作用，人們已經無法拒絕它。正如
內文斯的學術繼承人、美國著名口述歷史學家路易
斯‧斯塔爾（Louis Starr）所說的：「『口述歷史』一詞
已成為語言的一員，儘管報紙對之貶低。口述歷史，
不管人們喜歡與否，它已確確實實地存在，成為一個

眾所周知的事物。」[13]

　　在美國的影響下，現代意義上的口述史學在英國、加拿大、澳大利亞、紐西蘭、新加坡、義大利、德國等地也相繼得到發展，在整個歷史學界形成一支不可忽視的力量。它們大都有自己的專業協會和官方刊物。隨著口述史學在歐美和世界各國的發展，各國的口述歷史學家感到有必要成立一個國際組織，相互交流資訊，共同探討口述史學的理論和方法問題。在湯普森和哥倫比亞大學歷史系教授、著名口述歷史學家羅納德‧格里的共同倡導下，於一九七九年在英國柯徹斯特（Colchester）召開了第一屆國際口述歷史大會，並成立了國際口述歷史協會（International Association of Oral History）。

　　經過五十多年的發展，口述史學已經廣泛地應用於歷史學、社會學、民族學、民俗學、人類學、新聞學、社區研究、婦女研究、災難學、醫學等社會和自然科學領域，它在推動跨學科研究中起到了非常重要的作用。簡單地說，口述史學已經成為一種非常普遍的研究方法。

二、什麼是口述歷史？

簡單地說，口述歷史就是指口頭的、有聲音的歷史，它是對人們的特殊回憶和生活經歷的一種記錄。然而，對於什麼是口述歷史，在整個口述歷史學界存在著很大的分歧。斯塔爾認為，「口述歷史是透過有準備的、以錄音機為工具的採訪，記述人們口述所得的具有保存價值和迄今尚未得到的原始資料」[14]。美國參議院歷史辦公室（Senate Historical Office）特約歷史學家里奇先生在他的口述史學專著——《從事口述史學》中有一段論述：「簡單地說，口述歷史就是透過錄音訪談來收集口頭回憶和重大歷史事件的個人評論。」[15]湯普森則認為，「口述歷史是關於人們生活的詢問和調查，包含著對他們口頭故事的記錄」[16]。

對於什麼是口述歷史，中國學者也做出了不同的回答。北京社會科學院歷史研究所的鍾少華先生認為：「口述歷史是受訪者與歷史工作者合作的產物，利用人類特有的語言，利用科技設備，雙方合作談話的錄音都是口述史料，將錄音整理成文字稿，再經研究

加工，可以寫成各種口述歷史專著。」[17]顯然鍾先生強調口述歷史必須以錄音爲依據，以口述史料爲主。北京大學歷史系楊立文教授則認爲：「口述歷史最基本的含義，是相對於文字資料而言，就是收集當事人或知情人的口頭資料。它的基本方法就是調查訪問，採用口述手記的方式收集資料，經與文字檔案核實，整理成爲文字稿。」[18]當然，楊教授也並不否認錄音機、攝影機和電腦等先進技術工具的使用。

　　從上述諸多學者對口述歷史的理解中，我們可以看出兩個特點。首先是使用錄音機的問題。很明顯，斯塔爾、里奇和鍾少華等人認爲必須使用錄音機，而楊立文卻認爲不一定需要錄音機，他是從收集資料的角度來理解的。筆者覺得是否使用錄音機不應該成爲判斷是否是口述歷史的依據，因爲各國的情況都不同，比如一九五〇、六〇年代的美國口述歷史工作者已經廣泛地使用了錄音機，而在同時期的中國、非洲等國家和地區是做不到這一點的。當然，使用錄音機有其優勢，它不僅能記錄訪談者和受訪者之間的交流內容，而且能將兩者談話的口音、語調等一一記錄下來，很顯然這是普通的筆記所不能達到的。而且作爲口述歷史錄音改變了傳統的接受歷史的「閱讀」（透過

文字）方式，而現在我們可以「傾聽」（透過聲音）歷史。在目前的一些口述歷史項目中，也大規模使用了口述歷史錄影。口述歷史錄影又為「觀賞」（透過畫面）歷史提供了可能。正是如此，透過口述歷史我們可以實現歷史的「文、聲、像」三位一體互動[19]。

另外一點是口述歷史研究對象的差異。這突出地表現在英美口述史學發展初期的研究方向上，美國注重研究重大歷史事件和顯要人物，而英國則側重於社會歷史尤其是普通民眾的口述研究。

很明顯，上述中外學者給口述歷史下的定義都是正確的，之所以產生上述的差異，這是由研究者的身分決定的，因為人類學家、社會學家、歷史學家、博物館工作者和新聞記者由於其背景知識、研究對象和研究方式的差異，在他們使用口述歷史這一研究方法的時候，其側重點是不一樣的。筆者覺得這些差異不應該成為口述歷史學界爭論和相互攻擊的焦點，給口述歷史下怎樣的定義那是無關緊要的，關鍵要把握住口述歷史的精髓，也就是其最顯著的作用——它保存了即將逝去的過去的「聲音」。加利福尼亞大學柏克萊分校（University of California, Berkeley）的地方口述歷史辦公室（The Regional Oral History Office）在其主

題爲「捕捉歷史的瞬間：從談話到打印」（*Capturing the Historical Moment: From Talk To Type*）的序言中寫道：「口述歷史對理解過去和今天以及保存即將逝去的聲音來說，是一種非常理想的方法。」[20]這一點正是口述歷史最重要的作用和最明顯的特徵，因爲它可以填補重大歷史事件和普通生活經歷等沒有文字記載的空白，或者至少彌補其不足。

　　需要指出的是口述歷史作爲口述歷史訪談的結果，它必須是訪談者和受訪者之間有意識的（即預先準備好的）互動的產物，即伴隨著問答形式。有學者警告，口述歷史不包括演講錄音、竊聽錄音、個人錄音日記，或者其他不是經由訪談者和受訪者會話的聲音記錄[21]。

三、口述史學能否成為一門學科？

　　「口述史學能否成爲一門學科」一直以來是口述歷史學界的爭論焦點，因爲這個問題的解決直接影響到口述史學的現實學術地位和未來發展。從目前實踐來看，口述史學很大程度上只是作爲一種研究方法被

應用。造成這種局面主要有兩個原因：首先是口述史學在發展初期只是被作為一種保存即將逝去的過去的聲音的檔案實踐，其最終目的是為了保存盡可能多的資料，以供未來研究者使用。其次是口述史學的跨學科應用造成口述史學本身學科定位的混亂，而其他領域的研究者使用或者研究口述史學的出發點，很顯然是將其納入自身學科理論和方法的框架內，這必然破壞口述史學本身的完整性和系統性。

　　對於口述史學的學科定位，國內學術界基本上將其列為歷史學分支學科，當然這種劃分並沒有提供合適的解釋，也許僅僅是因為它帶有「史學」字眼而已。筆者以為必須將口述史學作為一門學科來看待並加以建設。要實現這一點，其根本的出路在於加深對口述史學本身理論和方法問題的探索。有學者認為「口述史學是指一種使用口述資料來研究歷史的方法」[22]，這種定義顯然對口述史學的內涵做了簡化——表現為「口述資料」與「歷史研究」的兩極化，這種兩極化勢必將「口述史學的最終成品」——口述資料與「口述史學整個過程」割裂開來。嚴格意義上的口述史學過程應該包括口述歷史訪談、口述歷史的整理和編輯、口述歷史的保存和傳播、口述歷史的法律和道德

考量，以及口述歷史的分析（結合歷史問題）。而其中
應該包括更多的深層次問題，諸如：口述歷史訪談中
訪談者和受訪者的關係、訪談中體現的意識形態、性
別、種族和階級差異、受訪者的主觀性和歷史事實、
口述歷史與歷史重建、口述歷史訪談的社會心理學因
素、口述歷史作爲實現個人和集體權力的工具性、口
述歷史與歷史記憶、口述歷史與生平回顧（懷舊）、口
述歷史與自傳（傳記）等等[23]。

四、口述史學、公共歷史學和學院
　　歷史學

　　所謂公共歷史學（public history），最簡單的定義
是「學院之外的歷史學」，因爲很多人認爲歷史學家的
職責就是在學院之內「著書立說」和「教書育人」[24]。
而學院歷史學（academic history）被認爲是純粹的歷
史學學術研究。公共歷史學的創始人之一羅伯特・凱
利（Robert Kelley）教授從「應用主義」的角度，給
公共歷史學下了一個定義：「從最簡單的意義上而言，
公共歷史學是指歷史學家的就業和將歷史方法應用於

學院之外的諸多領域的學問，包括政府、新聞媒體、歷史遺址和博物館。」[25]

公共歷史學和學院歷史學之間的差異也是相對而言的，事實上，他們之間並沒有嚴格的界限。因為，在美國，很多公共歷史學家仍然在學院之內做兼職，而部分學院歷史學家也開始從事公共歷史學研究。出於理解的方便，這裏姑且就兩者之間的差異做一個分析。從研究目的上說，學院歷史學家透過對重大歷史問題的研究，透過著書立說來傳播他們的研究成果；而公共歷史學家是以客戶的需求為目的，從歷史的角度解決客戶的問題。從對象而言，學院歷史學家的直接對象是學生，充其量包括一些同行；而公共歷史學家的對象是學院之外的公共和私人部門，包括聯邦和地方政府、公司、博物館、檔案館、地方歷史學會、歷史遺址。從教育的目的來講，學院歷史學的目的是培養下一代的學院歷史學家；而公共歷史學的目的是以社會的需求為導向，以培養適應實際操作的公共歷史學家為目標。

至於口述史學與公共歷史學的關係，美國大部分口述歷史學家和公共歷史學家認為，從方法論來講，口述史學是達到公共歷史學的一個重要手段。正如里

奇所說的：「公共歷史學是有組織性的工作，它爲公眾
提供既準確又富有意義的歷史，而口述史學是實現這
個目標的最當然的工具。」[26]而從學科建設而言，口
述史學是歷史學的亞領域或者是公共歷史學的一部分
[27]。美國一些大學歷史系學位設置中，一般都頒發公
共歷史學碩士和博士學位，很少有大學設置口述史學
碩士和博士學位。當然，口述史學並不是公共歷史學
家的專利，很多學院歷史學家同樣把口述史學作爲促
進他們課題研究的附加方法。

五、口述史學興起和發展的原因

　　口述史學的興起和發展並不是偶然現象，它是時
代的產物。進入二十世紀後，由於各門學科的知識量
急劇增加，在有限的時間裏不可能窮盡所有的知識，
因而人們研究的對象逐步趨於狹窄。概括起來可以
說，現代學科出現了大量分化，高度綜合、縱橫延伸
和互相滲透的趨勢。在這一趨勢下，形成了許多邊緣
學科和交叉學科。歷史學領域出現了政治史、經濟史、
文化史、軍事史、科技史、思想史、社會史等大的分

支。同時，從這些分支內部又逐漸延伸出大大小小的分支學科或研究領域。比如社會史又可以分為家庭史、婦女史、兒童史、勞工史、城市史、社區史、性史等等。

口述史學的再度興起正是順應了這股趨勢，中國社會科學院文獻信息中心副研究員楊雁斌從事國外口述史學研究多年，他對整個口述史學的興起和發展有非常深刻的認識。他認為口述史學的發展主要歸結於兩點。其一：從縱向來看，口述史學是現代歷史科學的一個分支學科，是歷史科學長期發展的必然產物，從某種程度上反映了現代歷史科學未來的發展趨勢；其二，從橫向來看，口述史學是一門典型的綜合性學科，它的建立和發展顯然順應了當代社會科學整合分化的潮流[28]。

當然，口述史學的發展有很多具體的原因。

（一）新史學運動的蓬勃發展

二十世紀初，傳統史學的發展遭受到種種的挑戰。在方法論上，隨著西方各種社會科學的發展，傳統史學所依靠的直覺方法日益暴露出弊端，甚至在史學研究過程中經常出現錯誤。在內容上，傳統史學將

自己局限在民族國家的政治史的範圍，對於社會的其他層面很少論及。

在二十世紀初，甚至整個二十世紀上半葉，歷史學家在方法和理論方面仍然與十九世紀末傳統的歷史學保持著千絲萬縷的聯繫。這個傳統主要來自德意志歷史科學派──以蘭克（Ranke）和魏茨（Weitz）為代表的蘭克學派。因而，所謂的新史學在某種意義上說，它是建立在對以蘭克學派為代表的西方傳統歷史學的批判和繼承之上的。

在方法論方面，傳統史學主張以科學的方法和態度考據史料，注重對原始的檔案資料的研究。法國著名的歷史雜誌──《史學評論》在其一八七六年創刊詞中說：「本刊只接受以『原始資料為根據』的稿件，作者應採取『嚴格的科學表述方法，每個論斷都必須有證據、有史料出處和引語』。」[29]同時，對於史料的理解和分析建立在史學家的直覺之上，而排除其他人文社會科學和自然科學的理論與方法。德國史學家蒙森（Theodor Mommsen）便認為：「史學與其他學科不同，它不依靠什麼理論，而依靠直覺。」[30]對於上述傳統史學在方法論上的特點，巴勒克拉夫曾經有過精闢的論述：「……即將歷史學家的工作分為前後兩個

階段，第一個是收集和準備資料階段，第二個是解釋
和表述成果階段。前一個階段以實證主義爲主；在後
一個階段，歷史學家的直覺本能和個性起主要作用。」
[31]

　　在內容上，隨著相關的人文社會科學和自然科學
的發展，歷史學的眼界不斷開拓，他們逐漸認識到人
類和人類社會的複雜性和豐富性。歷史不再是少數政
治家的活動，歷史不再是西方國家的專利。一九一一
年，美國著名歷史學家詹姆斯‧魯濱遜（James Harvey
Robinson）發表了題爲《新史學》的著作，在書中他
大力提倡新史學，反對傳統史學。從此聲勢浩大的新
史學運動便迅速興起，傳統的政治中心讓位於社會研
究；歐洲中心論（Eurocentrism）受到了極大的挑戰，
精英論宣告破產，長期以來沒有受到重視的黑人史、
印第安人史、移民史、勞工史、婦女史的研究活動便
活躍起來。針對傳統史學研究範圍的局限性，魯濱遜
主張應盡量擴大史學研究的範圍，他指出：「人類的活
動不僅是當兵、做臣民或做君主；國家也絕不是人類
唯一關心的事情。」「自古至今，人類的活動包括海上
探險、開拓商業、建築城市、設立大學、建築宏偉的
大禮拜堂、著書、繪畫，並且還包括了許多東西」，而

所有「這些人類活動」都應包括在歷史裏面[32]。正是在這股新史學運動的衝擊下，一部分西方激進的歷史學家號召徹底擺脫傳統史學只注重社會上層人物的那種精英歷史觀，而要求重視下層平民群眾的歷史作用，並撰寫有關他們的歷史。於是勞工史、美國黑人史、婦女史、兒童史、家庭史、人口史、城市史、心態史，乃至性史等都迅速發展起來。

湯普森做了大膽的嘗試，他從英國各個地區、各個階層中精選了五百個曾經生活在愛德華時代的人，作為他的調查對象，並利用他的調查結果寫了《愛德華時代的人》。以後英國史學家傑里‧懷特（Jerry White）用口述資料對倫敦東區一個貧民街區以及霍洛維大街做真實的描述，寫成《坎貝爾的鋪位宿舍》一書[33]。

在美國，最具代表性的是著名口述歷史學家斯特茲‧特克爾（Studs Terkel）所取得的研究成果，在某種意義上說，他真正開創了美國口述歷史研究的「人民化」局面。一九六○年代末期是美國歷史上一個具有特殊意義的時代，民權運動、女權運動、學生運動、越南戰爭以及形形色色的社會騷亂全美，「美國到底怎麼了」，「美國還能叱咤風雲嗎」，「美國人的夢怎麼

了」，帶著這些問題，特克爾便走上街頭，深入人群，記錄社會思潮，訪談對象有美國小姐、影星、歌手、政界和媒界人士、老闆、工人、學生、教師、黑人、教徒、移民等美國各界三教九流的人物，不過更多是來自普通人民的心聲。從他們的口中，可以瞭解到美國作為當代全球首富的優勢、活力、弊病以及其根植於美國肌體上的危機；同時也能夠更真切地體會到美國普通民眾的可敬、可愛和可憫之處。他利用口述資料總共完成了四部口述歷史著作：《街道分界線──來自一個美國城市的報導》（ Division Street—Report from An American City ）、《艱難時代──經濟大危機口述史》（ Hard Times: An Oral History of the Great Depression ）、《工作》（ Working ）和《美國夢尋》（ American Dreams, Lost and Found ）[34]。這些著作都屬當時的暢銷書，甚至到今天仍有很多讀者。也因為他所開創的這一新穎的「口述實錄體」所取得的巨大成績，使他贏得了普利茲文學獎。

　　上述研究充分表明，要充分展示歷史，僅靠保存的史料是不夠的，而口述史學的運用正彌補了這方面的缺點。因而，口述史學的產生和發展是順應歷史學的發展潮流的。之所以說口述史學順應了這股新史學

發展的潮流，是與口述史學本身的特性分不開的。口述史學與傳統的歷史學最大的不同是它的跨學科性和人民性。由於它的跨學科性，使得歷史學研究的手段不再那麼陳腐和老套，它廣泛地採用了人文社會科學和自然科學的方法、概念和理論，從而使歷史學顯得生動活潑和富有生命力。口述史學的人民性在於它給了我們一個機會——它暗示了歷史焦點的轉移，把歷史恢復成普通人民的歷史。

(二)口述史學的發展與這時期的科學技術發展有很大的關係

　　一方面，現代科學技術的發展突破了傳統口述史學的研究方法和手段，打字機、謄寫機、電視、電影、影印品、CD-ROM和電腦等都為口述史學提供了更為可行的工具。在錄音機出現之前，口述歷史工作者只能利用筆錄和回憶的方法，難免會歪曲受訪者的陳述。同時轉錄也是一項非常艱苦的工作，一個小時的磁帶大約需要三小時才能轉錄完成，當然謄寫機的出現，在很大程度上減輕了口述歷史工作者的工作負擔。特別是隨著網路技術的發展與普及，他們開始尋求利用網路進行口述歷史訪談，這樣人們可以充分跨

越空間的障礙。不過，也有很多口述歷史學家認爲口述歷史訪談必須是面對面的訪談，而屏棄網路技術的運用。在這個問題上，筆者仍然堅持上述的觀點，採用什麼手段都無關緊要，關鍵是它是否有利於保存即將逝去的「聲音」。當然，科學技術的發展對口述史學的重要性在口述史學界已達到共識。英國著名口述歷史學家、蘇塞克斯大學（University of Sussex）社會學教授阿利斯泰爾・湯姆森在回顧口述史學五十年發展的文章中，有一段精闢的論述：「透過一系列媒體的保存，召喚人們對教科書、圖像和表演的豐富和多維意義的理解；它們能強烈地吸引觀眾，透過相互作用促進人們積極參與創造。」[35]

　　另一方面，現代科學技術的發展使得傳統意義上的資料保存日益減少。因爲交通運輸的日益發展，政界和企業界的領導人不再只利用信件互通信息，而更多的是電話、傳真、E-MAIL、INTERNET 或網路會議（Net Meeting）等溝通工具直接進行交流，這樣的話資料保存就會很有限。而且高級官員「害怕以後幾個年代的大學畢業生」，因此，「不願意把他們的某些行動的真實原因寫成文字」[36]。因而，只有利用採訪將口述資料保存下來，爲以後的研究提供根據。美國

國家總統圖書館的建立便是一例，由聯邦政府倡辦的口述歷史計畫對歷屆總統的內閣成員進行專訪，收集總統平時沒有公開的許多信件、批文和紀念品，將它們收入總統圖書館。到目前為止，透過口述資料建立的總統圖書館有羅斯福、杜魯門、艾森豪、甘迺迪、詹森、尼克森、福特、卡特、雷根、布希總統圖書館[37]。這些圖書館所收藏的資料根據當事人的要求，學術研究者可以共用。

口述史學在二十世紀之所以再度興起，在每個國家和地區除了上述的共同原因之外，都有其特定的因素。當然，口述史學從沉寂走向輝煌，其根本原因就在於這種方法繼承著任何一個民族、國家、家族的歷史，而歷史是它們賴以生存和發展的根基，沒有它，不管現在如何輝煌和耀眼，但總是顯得有點蒼白和無力。因而，儘管傳統史學家視之為「異端」，可是它的存在和發展已是大勢所趨。

六、口述史學的特點

口述史學的出現改變了史學研究的焦點，改變了

歷史編撰的形式，改變了歷史學家傳統的研究方式，改變了歷史學枯燥的面貌，改變了歷史學眼界的保守格局。總結起來，可以說口述史學在方法、理論以及概念等層次給歷史學注入了新的生機。當然，口述史學對歷史學的貢獻是跟口述史學本身的特點分不開的，換句話說，也正是由於口述史學的以下特點，才令它格外地受到越來越多的研究者的青睞[38]。

（一）人民性

在研究對象上，口述史學一反過去「政治史」和「精英史」的傳統，把歷史焦點轉向普通人民群眾，口述史學的發展呈現出明顯的「人民化」（或者稱「大眾化」）趨勢。具體地說，就是口述史學暗示了歷史研究焦點的轉移。軍事史學家超出將軍而面向其他軍階和普通士兵；社會史學家從官僚和政治家轉向貧民；政治史家從政治界精英的競選轉向關注普通選民的內心感受；經濟史家的對象不再完全是雇主，而兼顧普通工人的心聲……。

而且，在歷史的撰述上，它突破了歷史學家為人民群眾寫歷史（write history for the people）方式的弊端——研究對象確實發生了變化，可是研究主體卻仍

然是歷史學家。而真正的來自人民的歷史應該是歷史學家與人民共寫歷史（write history with the people），很多歷史學家都主張應該以民主、參與的方式與人民一道「共創」自己的歷史。而口述歷史正好滿足了這個要求，因爲口述歷史能以一種新的精神來完成這項工作：因爲它能使我們根據那些身歷其境者的語言來重新撰寫歷史，它將活力和創造力注入歷史著作——記錄、撰寫和閱讀。口述歷史按其性質來說，都同樣是歷史：是一種來自社會並要求回到社會中去的歷史。

　　當然，口述史學的人民性在不同的國家和地區其表現是不一樣的。美國口述史學的發展經歷了明顯的「人民化」趨向，因爲一開始，口述史學只是應用於著名人士的訪談。在某種意義上，仍然沒有擺脫傳統的「英雄史觀」的束縛。哥倫比亞大學口述歷史研究室建立的宗旨就是如此：「創立一個組織，系統地收集和記錄口頭傳統和六十年內參加國家、社會、政治、經濟和文化生活的著名美國人士的回憶。」[39]隨著民主意識和女權運動的興起，以及美國自身地位的動搖，給美國人民的心理造成了極大的創傷。因而，很多激進的歷史學家和社會學家便極力要求重視下層人民的歷史作用，並撰寫有關他們的歷史。

　　而在英國，由於口述史學方法主要應用於當代的社會史研究，比如工人階級的日常生活和工作條件等等。主持口述史學的往往也是社會歷史學家，像上述提到的湯普森和湯姆森都是英國相當有名的社會學家。因而，口述史學的民主性在英國就表現得非常明顯，甚至走得有點偏激。一九七〇年代，倫敦東區的下層民眾發起了一個哈克尼人民自傳組織（The People's Autobiography of Hackney），這個組織來源於一個與工人教育協會（Worker's Educational Association）有聯繫的群體。這個組織的成員全部來自倫敦東區哈克尼及附近地區，年齡從十幾歲到七十歲不等，職業也非常混雜。但是，這個組織是一個相當開放的群體，他們透過相互記載生活經歷，以廉價的小冊子形式出版，有的也得到了當地圖書館的資助。之所以說他們做得有點偏激，是因為這個組織拒絕學究式的歷史學家參與他們的口述歷史活動。一方面是出於感情上的不相容，因為在他們看來學究式的歷史學家記錄的並不是他們的歷史；另一方面，他們擔心歷史學家會將他們的生活經歷和思想歪曲得面目全非。哈克尼人民自傳組織還透過搜集照片以及一些工藝品，運用現代科技手段展示給當地的人民，這樣

的歷史是來自於人民，又回到人民當中的歷史。因而，
「人民的自傳，一方面旨在透過一系列的個人敘述來
建構哈克尼地區生活和工作的組合歷史（composite
history）；另一方面，給人民以回憶和解釋過去的信
心，使他們能夠用自己的話為歷史的撰寫盡一份力
量，簡而言之，是為他們自己撰寫」[40]。

（二）合作性

　　受訪者和訪談者之間的相互作用（interaction）是
口述史學的顯著特點。也就是說，歷史不再是作為主
體的研究者的「專利」，口述歷史不再是訪談者單方的
產物，它是受訪者和訪問者共同合作的「公共產品」。
受訪者既是口述史學研究的客體，又是口述史學研究
的主體。

　　傳統的史學研究，由於其對象大都是「不能說話
的」檔案和文獻資料，因而在研究過程中，它們只是
扮演「法官」角色的研究者們審判的「被告」，而這個
被告在法庭上沒有任何為自己辯護的權利。所以，不
同的「法官」由於其使用的審判規則不一樣，儘管這
個規則非常的科學和準確，從而造成對於相同問題的
研究，結果卻大相逕庭。檔案和文獻資料只是充當他

們假設結論的「證詞」，只要符合假設，這些資料才派
上用場，反之，它們只是一堆毫無意義的廢紙。

　　口述史學便一改往日的舊貌，受訪者有充分的自
由爲自己辯護，作爲訪談者來說，也不能隨心所欲地
對待受訪者。儘管訪談者有權利根據自己的想法任意
設置問題，但是受訪者有權利迴避回答和故意隱瞞事
實，更何況訪談者在出版口述史學之前，需要取得受
訪者的認可。因而，爲了更好地記錄口述歷史，雙方
應該以積極的心態和誠懇的態度來對待，爲將來的歷
史研究留下一份珍貴的資料。

　　其實，口述史學的這個「合作性」特點，在口述
歷史學界也曾經引起了相當大的爭論。一些口述歷史
學家認爲，有些研究者爲了出版或者其他的既得利
益，勢必會過多地滲透個人的主觀偏見，因而他們主
張在訪談中，訪談者應該處於「中立的」地位。內文
斯就認爲，「訪問者應該中立、客觀地收集他人的回
憶，這種觀點太極端以至於早期的哥倫比亞口述歷史
抄本中完全沒有提問，許多自稱採用口述歷史的書都
將訪問者刪去了」[41]。當然，也有一部分人堅決主張，
訪談者在訪談中應當處於「主動」的地位，儘管受訪
者是「主角」。不過，他們照樣擔心太主動的訪談者也

很容易用自己的文化觀念和政治立場影響整個訪談。
因爲訪談者在設置問題的時候，已經加入了自己的理
解和看法，那麼受訪者再來回答這些問題的時候，必
然是在訪談者的「首次詮釋」基礎上進行的敘述。

　　可是，口述歷史訪談的實踐證明，受訪者如果沒
有訪談者的適當引導，可能會脫離整個訪談的主題，
這樣記錄的口述歷史可能僅僅是受訪者的一部零散的
「敘述史」，甚至可能是一場嘮叨而已。因而，很多口
述歷史學家便極力主張訪談是雙方共同的合作關係，
雙方都肩負著主動權。美國著名口述歷史學家邁克
爾‧弗里斯科（Michael Frisch）在他的口述歷史專
著——《共享主權》（*A Shared Authority*）中解釋了這
一過程，這書的標題很好地詮釋了一個觀點，即採訪
中雙方參與者都對這一創作負責，共享主權[42]。

　　甚至，有些口述歷史學家不喜歡「受訪者」這種
提法，他們認爲「受訪者」有消極的意味，而主張使
用一些更加主動的術語，比如「資訊提供者」
（informant）、「敘述者」（narrator）和「口述作家」
（oral author）。事實上，這些詞語的作用相同，只是
命名不同。使用這些辭彙主要是爲了「使口述歷史學
家更清楚地意識到訪談者與受訪者不平等的關係將影

響訪談的進行」[43]。

　　不管怎樣，受訪者和訪談者兩者都參與口述歷史的記錄，任何一方的作用都不可忽視，只是雙方所肩負的責任有所區別。正如里奇所說的，我們必須謹記「口述歷史是訪談者與受訪者雙方共同努力的產物（joint product）」[44]。

（三）動態性

　　口述歷史的獲得來源於受訪者和訪談者雙方的對話，而這種對話時間與歷史事件發生的時間是相脫離的，也就是說口述歷史具有明顯的事後再認識的因素。事後再認識的背景是紛繁複雜的，它可能受到個人經歷、社會環境、受訪者與口述歷史對象的特殊關係等等的影響，而這種影響在很多時候對於歷史描述的客觀性和正確性是致命的打擊。也正是如此，實證主義歷史學家把口述歷史的這種不確定性，或者說動態性，作為攻擊口述史學合理性的主要證據。正如一位湯普森的著作——《愛德華時代的人》的批評家指出：「歸根結底，他那些『愛德華時代的人』活下來變成了『喬治時代的人』，而現在又成了『伊莉莎白時代的人』。經歷了這些歲月，一些往事在記憶中消失了，

或至少關於這些往事的回憶也會受到後來經歷的影響。其實，他們童年時期的往事有多少是他們的長者對他們提起的呢？在那以後他們可能讀了哪些自傳或小說，使他們加深一些印象而沖淡另一些印象呢？哪些電影或電視節目對他們的意識發生了影響呢？……戰後十年間工黨的興起在多大程度上激起了人們對階級地位與衝突的反省呢？」[45]

那麼，口述歷史的這種動態性到底有多大的價值，是口述歷史的特性還是口述歷史的缺點呢？這個問題也是多方面的，因為不同的人在看待這個問題會得出不同的回答。在傳統的主張歷史客觀主義的歷史學家認為，口述歷史的這種動態性違背了歷史學的真諦——如實地反映歷史的本來面貌。而當代的口述歷史學家認為，它是口述歷史的真正價值和特性所在。因為，他們認為口述歷史不僅要盡量客觀地描述歷史，而且還要從歷史當事人或者目擊者的口中得出對歷史更深層次的認識，那就是在歷史的背後——人們是怎樣想的，人們是如何看待他們的過去的、人們又想從他們的過去之中得到些什麼……？這是傳統的歷史學研究絕對不能達到的，因為它們的對象是不能出聲的文獻資料。只有受訪者與訪談者的歷史性會晤

（historical conversation），才使人們有機會更深刻地認識歷史。

　　義大利著名口述歷史學家、羅馬大學（Rome University）美國文學教授阿利桑喬・波特利在研究一九四〇至五〇年代義大利的一位普通工人盧奇・特拉斯杜利（Luigi Trastulli）的死的過程中發現：對盧奇的死，官方的記錄、不同階層人士的口述都是不一樣的，而且同一個人在不同時代的口述都是不一樣的，有的受訪者竟然把他放在一個自己設定的歷史背景中加以敘述，總之，得到的答案是各有區別[46]。本來一個簡單的死亡時間問題，卻因爲由於來自不同人的口述而得到如此眾多的回答。之所以如此，是因爲整個二十世紀下半葉的義大利處在一個充滿變幻和改革的時代，不同階層人們的思想、社會地位、個人身分、財產狀況以及社會主流文化發生了巨大的變化，而他們便把這些變化所隱含的思想以及內心感受，全部反映在對盧奇的死這個問題上。所以說，盧奇是什麼時候死的並不重要，重要的是他們的口述爲什麼會發生變化，而這種變化背後又隱藏著什麼特定的意義。就像波特利在《盧奇的死和其他故事：口述歷史的形式和意義》的序言中寫到的，「我不是試圖在重

建一種『純粹的』工人階級文化；而更注視它們的變
化」[47]。

　　在筆者看來，口述歷史的動態性還是值得重視
的，即使它可能影響歷史的客觀性，甚或根本上扭曲
歷史的真實面貌。不過，歷史不是個人經歷和個別歷
史事件的簡單總和，停留於對個別歷史事件真實性的
考證是毫無意義的。所謂歷史學就應該站在歷史視野
的最高度，以寬廣的胸懷、歷史動態發展的理念來看
待和研究歷史。

（四）跨學科性

　　隨著現代科學知識的分化和整合，跨學科研究
已經成為當代科學研究的一個顯著特徵。所謂跨學科
研究，就是跨越傳統本位學科的界限，引進和借用其
他學科的方法和理論，試圖從一個全新的方位加以探
討。不同學科的交叉有很多方式，從本質上來講，主
要指「學科術語概念的跨越、學科理論板塊的跨越、
學科科學方法的跨越和學科結構功能的跨越」[48]。

　　二十世紀尤其是二戰後，歷史學研究也呈現一
個突出的發展趨勢，即日益廣泛地採用跨學科研究的
方法。歷史學的跨學科研究，不僅從根本上改變了歷

史學研究的範圍和焦點，而且對歷史學的編撰方式也帶來了革命性的衝擊。正如法國學者科林・盧卡斯所說的，「同社會科學掛鉤引起了法國史學的兩大變化」，「最明顯的變化是研究課題的多樣性」；「最重大的變化是……對歷史編撰法所產生的影響」[49]。

　　歷史學與其他學科的交叉涉及社會科學和自然科學兩大類，比如政治學、社會學、經濟學、人類學、心理學、地理學、民族學、語言學、人種學、生物學、醫學、數學等等。歷史學與上述這些學科的交叉，使歷史學的發展呈現多樣化的趨勢，也就是在歷史學的內部產生了一系列的分支學科：歷史社會學、歷史人類學、心理史學、經濟史、社會史、歷史地理學、計量史、口述史學等等。一般來說，像心理史學、經濟史、社會史、計量史等，它們的跨學科研究還是比較單一的，也就是說他們主要是借助於兩個學科領域的交叉，包括對方的方法、理論、學科結構以及學科術語。可是，口述史學的誕生卻將歷史學的跨學科研究推向一個全新的時代，它交叉的範圍更大，交叉的層次更深。

　　口述史學研究的跨學科性，在某種程度上，涵蓋了全部的社會科學。口述歷史訪談需要新聞學的採

訪技巧；受訪者的選擇需要社會學的社會調查和統計
方法；口述歷史的轉錄和編輯需要語言學的表達方
式；口述歷史的解釋需要哲學的詮釋學理論和心理學
理論；口述歷史的收藏需要圖書館和檔案館的編目和
保存知識；口述歷史的傳播需要掌握現代各種媒體的
操作方法……。也正是口述史學的跨學科，很多研究
者包括歷史學家、社會學家、人類學家、人種學家、
民俗學家、圖書館管理員、檔案館管理員、廣播電臺
和電視節目製作人，都非常重視對口述歷史的研究和
應用。

　　口述史學的跨學科研究在借助於其他學科的基
礎上，極大地深化了對歷史學的研究。同時，它也推
動了其他學科的不斷發展。在英國和美國，政府機構
和各種行業團體都將口述史學應用到民用建築、心理
學、量子物理學、醫學、園藝學、生態學、社會關
係、藝術體育、民族學、航空、林業、災難學等各個
領域。

　　不過，口述史學的跨學科性會帶來什麼負面影
響呢？非常明顯的是，造成了歷史學的不斷碎化。在
經濟史研究中，歷史成為經濟研究的史料和憑證，經
濟史學家往往是一個受過經濟學專業訓練的經濟學

家；而心理史學研究，歷史的描述成爲心理史家驗證
其心理學理論的一種證據……那麼歷史學研究是否應
該脫離其他學科回到傳統的本位學科研究之上呢？如
此的歷史學是否會再度變成十九世紀末的實證主義史
學呢？可是，不得不指出的是，歷史學的跨學科研究
不僅是當代史學發展的必然選擇，更是當代科學不斷
整合分化的內在要求。英國史學家巴勒克拉夫在《當
代史學主要趨勢》中尖銳地指出：如果歷史學不借鑒
其他學科的理論和方法，「便要冒一場有失去自己地
位的風險，既不成爲一門科學，也不成爲一種藝術，
只能成爲一門『業餘愛好』而苟延殘喘下去。這樣的
歷史學無疑還會受到尊重，而且非常流行，但被剝奪
了真正的意義，失去了在人類事務中發揮作用的能
力」[50]。

　　所以筆者認爲，作爲歷史學家，我們不應該只
堅守歷史學的堡壘裏足不前，而應當以寬廣的胸懷站
在其他學科的肩膀上，以歷史的角度探討人類社會的
發展規律，因爲歷史學關注的是對人類社會和人類自
身的終極關懷。而口述史學的跨學科性正好順應了歷
史學的這個目標，它爲這個目標的實現提供了極好的
工具。

　　上述的人民性、合作性、動態性和跨學科性是口述歷史的主要特點，筆者之所以詳細闡述這幾個特點，是因爲它們對於歷史學研究思維的轉化非常有幫助。當然，生動性也是口述歷史的一個重要特點，它來源於口述歷史的敘述性[51]。不管受訪者想怎樣客觀地反映事物的本來面貌，可是卻因爲受訪者在口述歷史訪談中的主角地位，使得這種敘述帶有明顯的表演性質。口述歷史的生動性爲歷史的大眾化和市場化提供了很好的方向，因爲傳統歷史的枯燥無味，已使歷史讀物的對象越走越窄，甚至走向了死胡同。反映在研究過程中，口述歷史還呈現一種顯著的操作性。

七、口述史學的功用

　　口述史學在美國得到最早和最快的發展，在美國的影響下，英國、加拿大、澳大利亞、紐西蘭和日本等國家的口述史學也相繼興起並得到發展，在整個歷史學界形成一股不可忽視的力量，成爲歷史學的一門分支學科。哥倫比亞大學口述歷史研究室主任格里教授在給口述史學下定義的時候，給予很高的評價：

「口述史學是親眼看到並參加在過去事件中的採訪，目的是要重現歷史。它是一種不可估量和令人注目的二十世紀歷史的研究方法。」[52]它可以用來改變歷史本身的焦點，拓寬歷史的研究領域；它還能夠破除師生之間、代際之間、課堂與外部世界之間的障礙。概括起來口述史學的功用主要表現在以下幾個方面：

■口述史學可以填補重大歷史事件和普通生活經歷等沒有文字記載的空白，或至少彌補其不足

歷史上有很多事件，由於各方面的條件限制，無法留下文字記錄，但事後人們又必須瞭解它的歷史真相，補救的辦法只好對當事人和知情人進行口述調查，收集口述憑證。口述史學正好「提供了進入這些領域的機會，包括沒有寫自傳的重要領導人的生活和受壓迫、處於邊緣人們的隱藏的歷史」[53]。例如中國共產黨初期的許多重要會議、井崗山革命根據地的開創、紅軍長征以及黨在白區的活動等，由於當時的鬥爭環境非常嚴酷，或出於安全的考慮，沒有留下文字資料。時至今日，那段歷史對於我們的研究非常重要。因此，事後當事人和知情人的口述回憶就十分重要了。解放後，許多歷史工作者採訪了經歷過長征的

倖存者，也許他們的回憶是不完整的，但是至少透過他們生動的敘述可以窺見當年長征的壯舉。英國歷史學家唐諾休（Bernard Donoughue）和瓊斯（G. W. Jones）在撰寫一九三〇至四〇年代的英國工黨領袖赫伯特‧莫里森（Herbert Morrison）的傳記時，由於莫里森沒有留下任何私人記錄，他們只能尋找他的同事、下屬和親戚朋友來回憶他的生平事蹟[54]。

口述史學除了填補記載的空白外，它還可以印證文獻資料的可靠性。社會歷史學家在運用史料中，由於過去的歷史資料大部分來源於官方文獻記載。比如在勞工史的研究中，對於工人的生活、工作、社會福利、家庭的記錄都是由官方保存的，顯然其中存在不少的偏見，這樣便可以採訪當時的普通工人、管理人員和雇主，如此得到的口述憑證便可以與原先的書面資料相互佐證。當然，我們並不能保證這些口述憑證準確無疑，但至少提供了一種與文獻資料相互印證的可能。

■口述史學在內容上改變了傳統史學的面貌，為歷史學的發展開闢新的探究領域

不管在西方還是在東方史學家的著作裏，領袖人

物一直佔據著歷史舞臺的中心，「歷史學家的眼光看不到人類生存的全部領域，而集中在決策者身上，集中在制定與執行政策的傑出人物身上。一種貴族的偏見支配了歷史研究。大眾歷史，日常生活史和人民文化史都沒有歷史價值，唯獨意識領域才值得史學家去觀察」[55]。中國新史學的倡導者梁啓超認為，中國兩千多年來的史書只「不過為一代之主做譜牒」。借助於口述歷史採訪，便可以探索沒有記載的過去的歷史的諸多方面，比如人際關係、家庭生活、工會職員活動、婦女兒童狀況、老年生活和秘密組織的性質等等。正如湯普森所說的：「它給了我們一個機會，把歷史恢復成普通人的歷史，並使歷史密切與現實相聯繫。口述史學憑著人們記憶裏豐富得驚人的經驗，為我們提供了一個描述時代根本變革的工具。」[56]例如，透過採訪老年人對第二次世界大戰前後關於日常生活、勞動和各種經歷的回憶而寫出的民眾生活史，可以生動地描繪出當時工人就業的不穩定、周期性的貧困、酗酒、怠惰以及周期性的經濟蕭條等情況，從中我們便可以瞭解到工人所處的社會環境。在美國有一個口述史學專案——「奶奶，你在戰爭中做什麼？」（What Did You Do in the War, Grandma?）就是專門採訪經歷二戰

的普通民眾和士兵，並且記錄他們（她們）的感受[57]。這個專案在美國獲得社會各界的支持，究其原因就在於這樣的一種史學方法將歷史恢復成普通人的歷史，因而理所當然地受到人民的歡迎。這個專案剛開始啓動，就有很多人自願接受探訪。很顯然，口述歷史更爲仔細地、生動地反映了人民的心聲：「它們提供對過去事件的主觀或個人理解的豐富證據：面對結婚、火災以及在集中營面臨死亡的感受。」[58]

　　研究對象在從領袖人物轉向普通人物的同時，歐洲中心論也開始受到非洲中心論或非亞中心論的挑戰。因爲從第二次世界大戰以後，殖民國家紛紛獨立，第三世界迅速崛起，成爲國際格局中一股不可忽視的力量。而在這些殖民地國家保留下來的歷史資料，帶有極強的殖民主義色彩和種族偏見，唯獨透過探訪當地居民才能糾正文字史料中的偏見。在美國有很多口述歷史工作者採訪非裔美國人，透過他們的回憶來塑造非洲的歷史，到目前爲止，已經出版了大量的口述歷史著作。與此同時，非洲口述歷史工作者也積極地從事口述歷史的研究，並且取得相當大的成就。肯亞學者沃恩喬希曾指出，非洲人自己出版的報刊、書籍和口述歷史資料，目前已成爲肯亞廣大群眾反對帝國

主義統治、爭取自由權利的鼓舞力量和情報來源。而且，口述史學取得了國際非洲史學界的認同，一九六五年的國際非洲史學家大會通過決議，承認口頭傳統「是研究非洲歷史的主要史料之一」[59]。近年來，非洲地區也創立了許多了口述歷史專案，比如西開普口述歷史計畫（The Western Cape Oral History Project）。它成立於一九八四年，其宗旨在推動開普敦口述歷史的發展。到目前爲止，已經完成了四百多個口述歷史訪談，訪談的對象包括當地的以前居民、碼頭工人、國內勞工、理髮匠以及政治激進主義者等等[60]。而在亞洲發展中國家和地區，口述史學作爲一門新興的學科正在悄然興起。

■口述史學爲歷史學提供了一種全新的研究方法

　　口述史學在理論和方法上對傳統史學提出了嚴峻的挑戰。傳統史學只囿於史料的考證和「據實而記」的方法，很少將其他學科的研究方法納入歷史學研究。而口述史學廣泛地採用了其他人文和社會科學的研究方法和理論。口述史學的重要一環——訪談——就大量地利用了社會學的方法，作爲口述歷史學家和社會學家一樣，既是研究者，又是參與者，他們必須

盡可能地去經歷研究對象的實際生活，同研究對象進行直接「對話」。如社會學中普遍應用的抽樣調查、個案調查、統計調查等方法，在口述史學中也有用武之地，特別是抽樣調查方法。當採訪的對象範圍比較廣而無法全部訪談的時候，抽樣調查方法便使之成為可能，而且節省了人力、物力，提高訪談的質量和權威性。所謂抽樣調查就是以概率為基礎，從被研究的對象中抽取一部分進行研究，並將其結論推及到總體的調查方法。湯普森的《愛德華時代的人》便是一例，他從英國各個地區精心挑選了五百個生活在愛德華時代的人作為調研對象。

現代人類學、民族學和民俗學普遍採用的參與法，也受到口述歷史學家的青睞。這一方法尤其在現代民族研究中更為廣泛。研究者把自己扮演成被研究社區的一員，與社區的人們共同生活、勞動，以此瞭解他們的生活習俗、經濟生活和宗教信仰等。諸如此類的方法在口述史學中的嘗試，極大地推動了歷史學研究方法的更新。

■口述史學不僅推動歷史學本身的發展，而且引起
　其他學科的廣泛興趣，並試圖借助這一方法來加
　強本學科的研究工作

　　在美國，政府機構和各種行業團體將口述史學應
用到民用建築、心理學、量子物理學、醫學、園藝學、
生態學、社會關係、藝術體育、民族學、航空、林業、
災難學等各個領域。例如，芝加哥建築師口述歷史計
畫（The Chicago Architects Oral History Project）就旨
在探索從二十世紀初到現在的芝加哥建築的發展和規
劃。美國海軍研究所曾計劃一系列的口述史學計畫，
它們收集了關於海軍婦女組織的口述史料。美國空軍
在華盛頓也有自己的口述史料中心，那裏的資料涉及
到許多在第二次世界大戰中做出卓越貢獻的軍官，其
中包括艾森豪將軍、馬歇爾將軍、布萊德萊將軍和尼
米茲海軍上將。

　　近年來，災難學研究在西方得到了快速的發展，
它有自己的理論和方法。使用口述史學研究災難學的
方法也日益普遍，其中著名的研究機構是美國災難紀
念博物館（United States Holocaust Memorial Museum）
口述歷史部。這個部收集和製作災難的倖存者、釋放
者、迫害者和目擊者的錄影和錄音憑證。它的任務是

記錄和保存災難證據，供將來的學生、研究者、影視製作者使用，尤其對歷史學家來說，是研究災難史非常重要的第一手資料[61]。

　　民族學的研究也採用了口述史學的方法。田納西州菲斯克大學圖書館開設了美國黑人口述史學（American Black Americans Oral History）計畫，並且得到了全國人文科學基金會的財政資助。該計畫的目的是「借助錄製各居民階層代表人士的談話記錄，他們能夠提供生動的各種各樣美國黑人的生活情報，以補充美國黑人的歷史和文化的空白」[62]。

　　當然類似的口述歷史計畫還有很多。與此同時也出版了很多以口述歷史訪談為基礎的著作，其中比較有名的有特克爾的《種族：黑人和白人怎樣看待美國的困惑》（1992）和羅傑斯‧凱西（Rogers Kim Kacy）的《正當的生活：紐奧良公民權利運動的敘述》（1993）。口述史學在我國的民族研究中也將會有很大的前途。我國有五十六個民族，有很多少數民族沒有自己的文字，因而未留下什麼書面材料。對於這些民族來說，他們本民族文化的精髓都保留在人們的記憶之中，保留在人們的口口相傳之中。為豐富整個中華民族的歷史文化，也為各民族找到自己的歸宿，那麼

口述史學將是「還原」這些歷史的最好方法。

　　口述史學也應用於醫學領域。一些老人特別是那些沒有受人注意的，過去留給他們的痛苦和悲哀太多了。而這樣一種懷舊訪談（reminiscence interview）便可以成爲老人在變遷的世界中重新獲得自尊的一種重要方式。更值得注意的是，懷舊訪談能夠被用來重新喚起嚴重孤獨和抑鬱者的精神，甚至用作治療精神病和發狂的老人的方式。同時，在美國口述歷史方法也用於愛滋病（AIDS）治療研究。西北大學醫學院（Northwestern University Medical School）創立了愛滋病病人口述歷史計畫，這一計畫主要從事醫務人員如何更爲有效地治療病人們的研究。

　　當然，口述史學方法的運用在其他國家和地區也有很大的突破。在日本，口述史學方法廣泛地應用於民俗學、社會學、生活史、女性史、技藝史等方面。新加坡在政府的支持下也開設了口述歷史館，進行人物和家族的研究。

■口述史學不僅是收集史料、研究歷史的方法，它還是一種新的歷史教育手段[63]

　　歷史學要走向大眾化，它只能透過歷史教育達到

這一目的。但是，隨著新技術革命的興起，歷史學面
臨著命運的選擇。一方面社會對歷史學的重視不夠，
以致史學家缺乏從事史學研究的熱情；另一方面歷史
學作爲一種普及教育，學生對歷史的興趣減弱，在西
方國家中，歷史系學生註冊人數減少。在這種嚴峻的
形式下，歷史學究竟何去何從？美國拉邦－蓋普那庫
奇中學（Rabun Gap-Nacoochee High School）的社會研
究教師埃利奧特・威金頓（Eliot Wigginton）回答了這
一問題。他爲了提高學生對歷史的興趣，便派學生們
到周圍的村莊，向老前輩採訪過去的歷史，最後編成
《狐火》（*Foxfire Book*）一書。他發現用這個方法來
提高中學生對學習歷史的興趣非常有效。《狐火》技術
很快風行全美，各地中學競相仿效威金頓的作法，不
久又發展到各地的學院和大學。他還把口述史學作爲
中等學校的正式歷史課程。威金頓的作法之所以受到
歡迎，是因爲口述歷史教學一方面改變了以往的靜態
歷史教學面貌，而成爲充滿活力、內容豐富的動態活
動。另一方面它「打破了課堂與社會的界限，促使教
師與學生成爲工作夥伴，有助於代際間的接觸」[64]。
目前，在美國大部分學校都開設了口述史學課程，其
中部分學校還設置了口述史學學位課程。而且，一些

學校設立大型的口述史學專案和研究機構，比如南金斯頓中學（South Kingstown High School）和布朗大學（Brown University）聯合主辦的口述歷史專案——「整個世界在注視：一九六八年口述歷史」（The Whole World Was Watching: An Oral History of 1968）便是代表[65]。可見，在美國，口述歷史已經與課堂教育緊密聯繫起來。

　　口述史學課堂教育在其他國家和地區也非常盛行，受到學生的歡迎。在中國，北京大學歷史系的楊立文和劉一皋教授也開設了口述史學課程，不僅改變了以往枯燥的歷史課堂教學模式，而且他們將課堂上所學的知識直接運用於實踐。至於口述歷史教學的具體內容，請參看本書〈課堂篇〉。

　　綜上所述，口述史學使得歷史學家和歷史學愛好者從故紙堆中解放出來，深入到現實生活之中，直接傾聽來自人們的心聲。湯普森在《過去的聲音：口述歷史》一書中，有一段非常精彩的論述，足以說明口述史學的功用和價值：「口述歷史是圍繞人民所構建的歷史。它給歷史本身帶來了活力，拓寬了其範圍。它不僅允許英雄來自領袖，而且還允許英雄來自不被人知曉的多數平民。它促使教師與學生成為工作夥伴。

它把歷史引入共同體，又從中引出歷史。它幫助較少
有特權者，尤其是老人漸漸獲得尊嚴和自信。它有助
於社會階級之間、代際間的接觸及由此而來的理解。
對於單個的歷史學家來說，由於口述史的共用意義，
它能夠給予一種地點或時間的歸屬感。」[66]

八、口述史學面臨的挑戰

　　現代口述史學在短短的五十多年內取得了有目
共睹的成就，可謂是一場口述史學運動（oral history
movement）。但整個口述史學界也面臨著一系列的問
題：

　　口述史學發展的最大問題在於：「記憶如何運
作，記憶是否可靠，受訪者是否反映大多數群眾的心
聲」[67]。確實，口述史學由於是建立在回憶的基礎之
上，而回憶是難以確保準確的，既包含著事實，也包
含著想像。記憶的缺陷成為部分史學家反對口述史學
的根據，他們認為，提供口述史料的人在回顧往事的
時候，無論他的記憶如何鮮明和生動，都不可避免地
要受到後來經歷的影響。比如口述者與訪談者的個人

偏見，懷舊的情緒，童年的不幸遭遇，對親人的感情，健康的妨礙都使回憶被不同程度地扭曲。澳大利亞歷史學家帕特里克‧歐弗雷爾（Patrick O'Farrell）對口述史學有一段諷刺性的敘述：「口述歷史正在步入想像、個人記憶和完全主觀的世界——它將把我們引向何處？那不是歷史，而是神話。」[68]美國歷史學家芭芭拉‧塔奇曼（Barbara Tuchman）對口述史學的批評更爲尖銳。她認爲：「雖然口述歷史或許會向學者們提供一些『寶貴的線索』，但是總的來說都是保存了『一大堆廢物』。」[69]

　　記憶的不可靠概括起來主要有三個方面[70]。首先，受訪者失去對過去的記憶。因爲口述歷史訪談一般是在時間發生若干年後才進行，有的時間跨度達七十至八十年。因而，口述史料追溯的時間越遠，流傳的時間越久，失真也就越大。其次，便是由於懷舊主義和個人感情色彩而故意扭曲記憶。比如，當採訪受訪者的不幸經歷時，他們或者拒絕回答，或者把過去描繪得很好。因爲他們不願意回到過去的「陰影」之中，那些給他們帶來了太多的痛苦。出於個人感情的考慮，總是極力維護自己的國家、民族、親戚朋友等的聲譽。例如，一九八二年國外出版了琳娜‧里德‧

班克斯的口述歷史著作——《撕裂的國家：以色列獨立戰爭口述史》。由於這次戰爭涉及到以色列和阿拉伯人，因而他們的回答總是爲自己的國家和民族辯護，甚至連作者也毫不猶豫地說：「作爲一個眾所周知的以色列同情者，對我來說，要做到客觀和公正是絕對不可能的。」[71]第三，口述者的回憶受到現實生活經歷的影響，因而在回憶時可以明顯地反映出口述者的個人心理變化。正如很多歷史學家在評價湯普森的《愛德華時代的人》時，都認爲活下來的生活在「愛德華時代的人」，後來變成了「喬治時代的人」，現在又變成了「伊莉莎白時代的人」。

　　當然，對於這些歷史學家的挑戰，口述歷史學家予以頑強的反駁，他們認爲：「不可靠的回憶作爲口述歷史的來源，那不是一個問題。」[72]早期的口述歷史學家制定了評估口述歷史記憶可靠性的標準，從社會心理學和人類學的角度，他們展示了應如何處理記憶的偏見與不可信。而且，從文獻歷史學家那裏借鑒了檢驗史料可靠性的原則和方法。這時期，對於口述史料的印證基本上採用了與其他資料相互佐證的方法。美國歷史學家詹姆士·本斯（James M. Burns）在採訪二戰中的美國士兵時，他發現很多士兵提供的資訊都

是假的，而且非常荒唐。在撰寫時，他便利用了同時期的其他資料如敵方文獻記錄，進行相互佐證[73]。

當代口述歷史學家開始把「記憶的不可靠性」看作口述史學的特性，認為這不是口述史學的缺憾而是長處。波特利教授認為錯誤的記憶對於個人及團體來說，都是理解事件意義的關鍵，因為他們在記憶中生活。他還說：「真正重要的是回憶不是被動地收集事實，而是創造事實意義的主動過程」[74]。顯然波特利承認受訪者的個體意識的滲透是不可避免的，也正因此反映了受訪者那個時代的文化和思想觀念。當代口述歷史學家似乎都傾向於此觀點，他們認為口述歷史不僅是「重現」歷史的手段，同時也要注重對歷史意義的分析。美國口述歷史學家弗里斯科斷言：「如果回憶被作為歷史分析的目標來看待，口述史學將是發掘、探索和評價歷史回憶過程性質的強有力工具——人們怎樣理解過去，他們怎樣將個人經歷和社會背景相連，過去怎樣成為現實的一部分，人們怎樣用過去解釋他們現在的生活和周圍世界。」[75]

簡單地說，其實這就是一個客觀性問題，也就是受訪者是否真實地反映了過去的歷史。儘管，筆者堅信口述歷史的可靠性，但是，不管怎麼說，過去的歷

史是無法還原的。很多文獻歷史學家認為文字史料是最可靠的，但是請問：「這些文字史料是誰寫的？」如果是人寫的，那其中肯定滲透著作者的個人感情，也是無法達到絕對客觀的。歷史學家們已經接受信件、日記和自傳等作為合法的文獻資料，儘管他們的作者有可能出錯或有偏見。筆者想，部分歷史學家之所以認為口述歷史太「主觀」了，更重要的是，他們沒有真正理解所謂的「客觀」，或者把它作為一個雙層概念來看待。就拿作為口述資料的回憶來說，它是具有一定的客觀性的。因為被調查的當事人或知情人往往是重大歷史事件的直接參與者，其敘述的歷史事件至少具有一定的真實性。而且，口述歷史學家在訪談和取證時，是以訪談者的身分出現的，他們不會也不可能任意地提出新的憑證，因為口述史學家在整理採訪資料後，還得經過被調查人的同意才能予以保留和公開。

　　更何況，現在越來越多的人願意把自己過去的經歷告訴自己的後代。比如經歷過大災難的人，起初他們不願意將自己的感受告訴別人，甚至自己的孩子。因為當他們回首這段往事，留給他們的只是痛苦和悲哀。可是當他們逐漸變老的時候，他們希望有人能夠共用他們的經歷：「我沉默得太久了，但我即將離去，

因而現在我必須告訴我的孩子們。」[76]而且醫學上已經證明這一點。老年醫學家羅伯特・巴特勒（Robert Butler）認為，所有的人，當他們變老和認為自己將不久於人世時，他們會經歷一個生平回顧的心智過程[77]。不論別人在乎與否，老人將重溫自己的一生，要麼是仔細地獨自回顧，要麼邀請他們的家人或鄰居來傾聽。在回顧過程中，老人將告訴他們一些不為人知的經歷和展示其生命中的其他方面。所有這些因素的出現將大大有利於口述史學的發展，也使得口述史學有著堅強的群眾基礎。

資金不足是口述史學發展的一個現實難題，因為口述史學是一種代價高昂的研究方法。出去採訪要花錢，購買錄音工具要花錢，譯解磁帶錄音要花錢，出版資料也要花錢。隨著口述史學研究中新技術的應用，攝影機、電腦和打字機等都成為必需品。怪不得口述歷史工作者感歎：「對於任何渴望開展口述歷史專案的研究者來說，最重大的問題是資金。」[78]

雖然口述史學在一些國家和地區受到政府和其他社會團體的資助，但畢竟口述史學不能直接創造財富，其投入是一個非常緩慢的產出過程。所以獲得資助僅是個別大的研究專案和研究機構，而絕大多數在

財政上是非常緊縮的。不過，做好一個口述歷史專案最重要的並非是資金問題，筆者認爲，資金少，那我們就按資金少來設計這個專案，這完全是可能的。北京社會科學院歷史研究所的鍾少華先生，在從事「留日人士訪談」口述歷史專案的時候，他總共才有兩千元人民幣，而且是朋友資助的。但是他計劃得非常好，該節儉的就節儉，最後他的這個專案還是成功了，而且於一九九七年將口述資料整理出版[79]。

　　當然，作爲口述史學工作者，必須主動地跟政府和社會企業團體尋求合作，以獲得資助。可是，當中會出現一個非常重要的問題，有些單位要求口述史學工作者按照他們的想法，甚至與事實相違背從事研究，才願意提供資助。特別是他們不知道口述歷史的意義和如何工作，不知道口述史學工作者如何選擇潛在的受訪對象……可是，他們卻自我主張提供受訪者的名單——其中僅僅一些高級管理人員而沒有普通工作人員，這樣顯然是口述史學工作者所不能接受的。其實，這裏也給口述史學工作者提出一個警告：千萬不要昧著良心從事研究。因爲不管有多少錢，也不能還歷史的原貌。

　　保密問題也應該給予足夠的重視。我們知道新聞

記者採訪的錄音一般都沒有保存和發給受訪者一份法律授權書，因爲新聞記者只是做一些簡單和快捷的報導[80]。而口述史學工作者則不一樣，如果研究者沒有獲得受訪者的同意和授權，直接將採訪記錄公開，那麼受訪者有權起訴侵權者。因爲這裏涉及到一個保密問題，如果獲得的口述資料，牽涉到採訪對象對他所瞭解的官方人士的私人坦率的看法，或者他對政府所持的否定觀點，這樣就必須考慮談話者的安全。因此、作爲口述歷史學家必須有嚴謹的治學態度。

　　當然，口述史學的發展還有訪談技巧、口述記錄的轉錄和口述資料的保存等諸多實際操作性問題。這些不僅僅是問題，更是對口述史學工作者的考驗。問題雖然存在，但口述史學本身的特性決定了它將是歷史學領域中最有前途的分支學科之一。

註 釋

[1]關於口述史學的詳細發展歷史，請參閱 Paul Thompson. *The Voice of The Past: Oral History*, Oxford University Press. Second Edition. 1988, pp.2-100（此書中文版由遼寧教育出版社於 2000 年出版）。

[2]Paul Thompson. *The Voice of The Past: Oral History*, p.59. 内文斯係美國著名的傳記作家、歷史學家和新聞記者，他的主要學術貢獻包括：促進歷史學的大眾化〔通過創辦普及性歷史讀物——《美國遺產》（*American Heritage*）而實現〕和創立美國歷史上第一個口述史學研究機構——哥倫比亞大學口述歷史研究室。他的作品曾獲普利茲獎（Pulitzer Prize）和班克羅夫特獎（Bancroft Prize）。

[3]Allan Nevins, "Oral History: How and Why It Was Born," in David K. Dunaway and Willa K. Baum eds., *Oral History: An Interdisciplinary Anthology*, AltaMira Press, Second Edition, 1996, p.29.

[4]以哥倫比亞大學口述歷史研究室的建立作為現代口述史學確立的標誌，雖然目前國際口述歷史學界沒有達成共識，但是它的建立確實是口述史學走向職業化和正規化的重要一步。本書論述的口述史學即這個意義上的現代口述史學。

[5]Paul Thompson, *The Voice of The Past: Oral History*, p.22.

[6]于省吾，〈略論甲骨文「自上甲六示」的廟號以及我國成文歷史的開始〉，《社會科學戰線》，1978 年第 1 期。

[7]《論語‧八佾》。

[8]《文獻通考自序》。

[9]《論語正義》。

[10]《說文解字注箋》。

[11]古奇，《十九世紀歷史學與歷史學家》（上冊），北京，商務印書館，1989 年，第 193 頁。

[12]郭小凌，《西方史學史》，北京，北京師範大學出版社，1995 年，第 371-372 頁。

[13]Donald A. Ritchie, *Doing Oral History*, Twayne Publishers, 1995, p.4.

[14]Louis Starr, "Oral History," in David K. Dunaway and Willa K. Baum eds., *Oral History: An Interdisciplinary Anthology*, p.40.

[15]Donald A. Ritchie, *Doing Oral History*, p.1.該書於二〇〇三年再版，通過與作者電子郵件聯絡，得知本書新版中增加了近年來國際口述歷史學界對於相關理論與方法問題的探討，尤其是口述史學與現代科技的內容，作者用功頗多。

[16]Stephen Thompson, Paul Thompson and Yang Liwen, "Oral History in China," *Oral History*, No.1, Vol.15, p.22.

[17]鍾少華，《進取集——鍾少華文存》，北京，中國國際廣播出版社，1998 年，第 414 頁。

[18]楊立文，〈論口述史學在歷史學中的功用和地位〉，《北大史學》（1），1993 年，第 120 頁。

[19]北京大學歷史系楊立文教授與筆者的電話交流中談到「文、聲、像」三位一體互動觀點，時間：2002 年 3 月 31 日 21:20-21:50。

[20]請訪問地方口述歷史辦公室，http://library.berkeley.edu/ BANC/ROHO/about.html。

[21]Donald A. Ritchie, *Doing Oral History*, p.1.

[22]姚蒙和李幽蘭，〈西方口述史學〉，蔣大椿和陳啓能主編，《史學理論大辭典》，合肥，安徽教育出版社，2000 年，第 552 頁。

[23]對於這些深層次問題，限於筆者學識無法對其做出詳細的解釋，當然關於這些問題國外同行已有相當的研究成果，筆者將適時地在書中予以介紹和評論。

[24]關於公共歷史學，請參閱 James B. Gardner and Peter S. LaPaglia eds., *Public History: Essays from the Field*, Krieger Publishing Company, 1999; 楊祥銀，〈美國公共歷史學綜述〉，《國外社會科學》，2001 年第 1 期；張廣勇，〈公共史學〉，蔣大椿和陳啓能主編，《史學理論大辭典》，第 330-331 頁。

[25]Robert Kelley, "Public History: Its Origins, Nature, and Prospects," *The Public Historians*, No.1, 1978, p.16.

[26]Donald A. Ritchie, *Doing Oral History*, p.18.

[27]二〇〇〇年三月八日美國國家公共歷史學理事會（National Council on Public History）主席邁克爾・迪文（Michael J. Devine）教授給筆者的 E-mail 回信。二〇〇〇年七月十三日美國國家公共歷史學理事會執行主任戴維・范德斯特爾（David G. Vanderstel）教授給筆者的 E-mail 回信。

[28]一九九九年八月十五日與楊雁斌先生在中國社會科學院文獻信息中心所做的關於「中國口述史學調查」的訪談。

[29]轉引自羅鳳禮主編，《現代西方史學思潮評析》，北京，中央編譯出版社，1996年，第5頁。

[30]轉引自羅鳳禮主編，《現代西方史學思潮評析》，北京，中央編譯出版社，1996年，第6頁。

[31]巴勒克拉夫，《當代史學主要趨勢》，上海，上海譯文出版社，1987年，第7頁。

[32]詹姆斯‧魯濱遜，《新史學》，北京，商務印書館，1989年，第48頁。

[33]楊豫和胡成，《歷史學的思想和方法》，南京，南京大學出版社，1996年，第217頁。

[34]斯特茲‧特克爾，《美國夢尋：一百個美國人的一百個美國夢》，海口，海南出版社，1999年。

[35]Alistair Thomson, "Fifty Years on: An International Perspective on Oral History," *The Journal of American History*，Sep.1998, p.592.

[36]赫伯特‧胡佛，〈美國的口述史〉，《現代外國哲學社會科學文摘》，1982年第11期。

[37]楊祥銀，〈美國總統圖書館的口述歷史收藏〉，《圖書館雜誌》，2000年第8期。

[38]這裏論述的口述史學特點，同時也包括口述歷史本身的某些特點，出於書寫考慮，所以定名為「口述史學的特點」。

[39]Allan Nevins, "Oral History: How and Why It Was Born," in David K. Dunaway and Willa K. Baum eds., *Oral History: An Interdisciplinary Anthology*, p.29.

[40]Paul Thompson, *The Voice of The Past: Oral History*,

pp.17-18.

[41]Donald A. Ritchie, *Doing Oral History*, p.8.

[42]Michael Frisch, *A Shared Authority: Essays on the Craft and Meaning of Oral History and Public History*, State University of New York Press, 1990.

[43]Charles Morissey, "Oral History and the Problems of Nomenclature," *Oral History Review* 12, Fall 1984, pp.13-28.

[44]Donald A. Ritchie, *Doing Oral History*, p.10.

[45]約翰‧托什,〈口述的歷史〉,《史學理論》,1987 年第 4 期,第 85 頁。

[46]Alessandro Portelli, *The Death of Luigi Trastulli and Other Stories: Form and Meaning of Oral History*, State University of New York Press, 1991. 有關波特利的口述史學研究歷程,請參閱 Betsy Brinson, "Crossing Cultures: An Interview with Alessandro Portelli," *Oral History Review* 28, Winter/Spring 2001, pp.87-113. 他的另外一本口述史學專著為 *The Battle of Valle Giulia: Oral History and The Art of Dialogue*, The University of Wisconsin Press, 1997.

[47]Alessandro Portelli, *The Death of Luigi Trastulli and Other Stories: Form and Meaning of Oral History*, p.xiii.

[48]陳燮君,《學科學導論》,上海,上海三聯書店,1992 年,第 156 頁。

[49]科林‧盧卡斯,《史學研究的新問題新方法新對象》,北京,社會科學文獻出版社,1988 年,「前言」。

[50]巴勒克拉夫,《當代史學主要趨勢》,第 69 頁。

[51]楊雁斌，〈歷史之音——口述史學的敘述性質片論〉，《國外社會科學》，2000 年第 3 期。

[52]Ronald J. Grele, "Directions for Oral History in the United States," in David K. Dunaway and Willa K. Baum eds., *Oral History: An Interdisciplinary Anthology*, p.63.

[53]Alistair Thomson, "Fifty Years on: An International Perspective on Oral History," p.584.

[54]Bernard Donoughue and G. W. Jones, *Herbert Morrison*, Weidenfeld & Nicolson Publisher, 1973. 轉引自 Paul Thompson, *The Voice of The Past: Oral History*, pp.83-84.

[55]伊格爾斯，《歷史研究國際手冊》，《導言：從歷史角度看歷史研究的變革》，北京，華夏出版社，1989 年，第 5 頁。

[56]轉引自沈固朝，〈與人民共寫歷史——西方口述史的發展及對我們的啓發〉，《史學理論研究》，1995 年第 2 期，第 103 頁。

[57]有關這個項目的信息，請訪問網站：http://www.stg.brown.edu/projects/WWII_Women/。

[58]Alistair Thomson, "Fifty Years on: An International Perspective on Oral History," p.584.

[59]轉引自彭衛和孟慶順，《歷史學的視野——當代史學方法概述》，西安，陝西人民出版社，1987 年，第 275 頁。

[60]關於這個項目的信息，請訪問網站：http://www.uct.ac.za/depts/history/ohp1.htm。

[61]關於這個機構的信息，請訪問網站：http://www.ushmm.org。

[62]轉引自侯成德，〈美國口碑史料學三十年〉，《世界史研究動

態》，1981 年第 9 期，第 4 頁。

[63]有關口述史學課堂，請參閱 Cliff Kuhn and Rich Nixon, "Voices of Experiment: Oral History in Classroom," *Magazine of History*, Spring 1997, p.23.

[64]Cliff Kuhn, "Oral History," *Magazine of History*, Spring 1997, p.5.

[65]有關這個項目的具體資訊，請訪問網站：http://www.stg. brown.edu/projects/1968/。

[66]Paul Thompson, *The Voice of The Past: Oral History*, p.21.

[67]一九九九年五月二十七日美國威斯康辛大學歷史系敎授邁克爾‧格登先生給筆者的 E-mail 回信。他是筆者從事口述史學研究的啓蒙老師之一。

[68]Patrick O'Farrell, "Oral History: Facts and Fiction," *Oral History Association of Australia Journal*, No.5, 1982-1983, pp.3-9.

[69]Barbara Tuchman, "Distinguishing the Significant from the Insignificant," in David K. Dunaway and Willa K. Baum eds., *Oral History: An Interdisciplinary Anthology*, pp.94-98.

[70]關於口述歷史記憶問題，請參閱 Alice Hoffman, "Reliability and Validity in Oral History," in David K. Dunaway and Willa K. Baum eds., *Oral History: An Interdisciplinary Anthology*, pp.87-93; William Culter Ⅲ, "Accuracy in Oral History Interviewing," in David K. Dunaway and Willa K. Baum eds., *Oral History: An Interdisciplinary Anthology*, pp.99-106.

[71]轉引自彭衛和孟慶順，《歷史學的視野：當代史學方法概

述》，第 284 頁。

[72]Alistair Thomson, "Fifty Years on: An International Perspective on Oral History," p.584.

[73]Donald A. Ritchie, *Doing Oral History*, pp.6-7.

[74]Alessandro Portelli, "What Makes Oral History Different," in Alessandro Portelli, *The Death of Luigi Trastulli and Other Stories: Form and Meaning of Oral History*, pp.45-58

[75]Michael Frisch, *A Shared Authority: Essays on the Craft and Meaning of Oral History and Public History*, p.188.

[76]Rhoda G. Lewin ed., *Witness to the Holocaust: An Oral History*, Twayne Publishers, 1990.

[77]Robert Butler, "The Life Review: An Interpretation of Reminiscence," *Psychiatry*, No.1, Vol.26, 1963, pp.65-76.

[78]Ramon I. Harris, Joseph H. Cash, Herbet T. Hoover and Stephen R. Ward, *The Practice of Oral History: A Handbook*, Microfilming Corporation of America, 1975, p.5.

[79]鍾少華，《早年留日者談日本》，濟南，山東畫報出版社，1996 年。

[80]有關新聞與口述歷史關係問題，請參閱張玉法，〈新聞與口述歷史〉，行政院文化建設委員會中部辦公室和中央研究院近代史研究所編，《口述歷史進階研習營——學員手冊》，2000 年，第 139-146 頁。

第二章　方法篇：一項口述歷史專案的基本程序

　　口述史學在發展初期，爲了應付來自實證主義社會科學家和傳統文獻歷史學家的猛烈抨擊，早期的口述歷史學家極力宣揚訪談的科學模式，甚至控制和規定訪談的重點和進程。但是，在實踐中，他們發現不可能遵循同樣的技巧或原則進行訪談。正如美國著名口述歷史學家查爾斯・莫里斯（Charles T. Morrissey）在一九七〇年所寫的，「將訪談局限於一組技巧內……正如把求婚拘泥於一種俗套……在不同的環境中使用不同的工具，過多地依賴工具與放棄傳統的直覺是很危險的……口述歷史訪談技巧和其他方面都應該隨著訪談對象的變化而變化。」[1]

　　從中，我們也可以看出口述史學的一個特點——操作性。口述歷史訪談技巧的取得不是來自課本或者

其他人的經驗，當然這些也很重要，但是，關鍵的是要靠自己的實踐。本章將從一項口述歷史專案的基本程序來探討口述史學方法的相關問題。一項口述歷史專案基本的步驟有：口述歷史選題、口述歷史訪談、口述歷史資料的整理和編輯、口述歷史資料的保存和傳播等等。

一、口述歷史專案選題分析

　　口述歷史專案的選題是近年來口述史學發展極其重視的一個問題。因為選題的恰當與否直接影響著整個專案的正常進行和最終意義。口述歷史專案的選題具有很大的彈性，這跟口述史學的適應性強緊密地聯繫在一起。對於口述史學在全球和各個領域的流行程度，里奇先生在他的專著——《從事口述歷史》的序言中寫道：「目前，在全球人們很難找出一個不用口述記載歷史的地方。自從第一套錄音設備問世，由蠟盤滾筒逐步發展到磁片、有線錄音機、盒式錄音帶、卡式錄影帶，訪問者已經對形形色色的人進行過訪談，從政治家到示威抗議者，從本土人到外來移民，

從藝術家到手工業者，從戰士到民眾，從宗教人士到世俗大眾……口述歷史學家透過訪談及時記錄這些聲音，以便建構起更加多元而精確的歷史畫面。」[2]

也正是由於口述史學的這個特點，很多剛從事口述史學的研究者覺得很多主題都可以作爲選擇的對象，可是當這個專案進入實際操作階段後，很多問題便出來了，比如很難尋找受訪者、人員缺乏和財政預算緊張等等。

其實，最有意義和可行性的選題，應該從一個國家、民族、社區和家族乃至個人的豐富和悠久的歷史長河中挖掘。而且正如上述所說的，口述史學是時代的產物，很多選題都是忠於時代的要求的。比如一九六〇年代在美國歷史上具有不平凡的意義，女權運動、民權運動、反戰運動和反種族隔離主義運動等重要事件都發生在這個時代。儘管，這些歷史事件保留了大量的文獻資料，可是其中大部分都是來自官方，顯然存在或多或少的偏見。怎樣忠於事實、重建那段歷史，口述史學便成爲首要的選擇。因爲，口述歷史不僅能夠保留那些「過去的聲音」，更重要的是它能夠反映歷史見證人的「現時感受」。關於這些主題的口述歷史專案，美國很多研究機構和大學都有相應的設

置，而且受到學校當局以及社會各界的廣泛支持。

　　而中國歷史上的抗日戰爭、南京大屠殺、僞滿統治、解放戰爭、土地革命、「大躍進運動」、文化大革命等等，都是非常有意義的選題。比如關於僞滿統治，當時的文獻資料、報刊雜誌，其中充斥著混淆是非的言論，而且大都來自官方。只有從僞滿統治下的人們口中，才能更準確地「重建」那段歷史。解放後，由全國政協和地方政協文史資料委員會主辦的文史整理工作，曾搜集了這方面的口述資料，諸如《僞滿統治下的長春》、《僞滿統治時期的長春大學》等等。

　　如上所述，口述史學研究暗示了歷史焦點的轉移，它不僅可以研究歷史上的重大事件，同樣它可以進入以前很少被人所涉及的公共歷史領域。比如企業、學校、教會、社區、家族、建築、歷史遺跡以及天災人禍。很多大型企業都很重視它們各自歷史的整理和保存，尤其是「重建」。因爲只有透過歷史才能找到生命之本，「『過去』的意義不僅在過去，歷史之河存在的本身是使人類之舟一直走下去成爲可能。倘使這條河流的源頭枯竭，人類之舟必定會深陷於泥淖之中。」[3]儘管，大型企業也有相當完善的檔案管理系統，但一些企業主也開始注意到口述歷史的作用。大

西洋瑞奇菲爾德公司（Atlantic Richfield Company）的總裁說，公司已逐漸忘卻它歷史性的事件，因為那些事件的親身經歷的雇員和管理人員許多將不久於人世。他便聘請伊妮德‧道格拉斯（Enid Douglas）進行口述歷史記載，一方面建立口述歷史檔案，一方面書寫公司歷史[4]。

作為一項公司口述歷史專案，其重要的不是在書寫一部公司歷史，而是透過口述歷史來挖掘深深根植於企業內部的精神和文化內涵，以塑造新型的企業形象。當然，這種作法在很多企業中都不能實現，因為首先來說企業主不知道口述歷史為何物，而且害怕會洩露企業秘密，而喪失商業機會。

當然，口述史學同樣可以運用在個人歷史的撰述上，對於自身的歷史，很多人不願意將自己的內心世界透過面對面的訪談向讀者傾訴。可是，有很多因素導致人們不願意自己寫自傳，比如年紀、工作等限制。因而，他們希望有人來記錄他們的個人歷史。事實上，這種作法在美國已經非常流行，很多歷史工作者自行成立一家事務所——專門為個人、家族、學校以及公司撰寫歷史。當然，他們撰寫的主要方法還是透過對方的口述。

　　選擇主題範圍廣泛而且容易，可是最終只是部分才能付諸實踐。因為，一個合理的口述歷史專案必須得考慮諸多因素。

　　首先便是這個選題有多大的意義。當然，意義的獲得還需在實際的操作過程中才能得到證明。口述史學是一種代價高昂的研究方法，如果這一專案對保存歷史資料和研究過去來說沒有什麼意義的話，那肯定沒有人支持或贊助你的選題。筆者剛從事口述史學時，曾經設計了一項關於「中國電影的搖籃：長春電影製片廠口述歷史」計畫，旨在透過對歷屆健在廠長、導演、演員、各級管理人員和普通工人的訪談，來重建長春電影製片廠的輝煌與坎坷的歷史，以窺見中國電影發展事業的一個側面。對方對我的這一設想表示了贊許，可是他們已經做過類似的工作（儘管在操作方法上與口述史學不同），而且他們擁有相當專業的設備，這一點顯然是筆者所不能媲美的。最後，這個計畫也只能作罷。所以，在選題時，必須確立這個專案的目標以及盡可能地評估這個目標所帶來的意義。根據口述史學的特性，它應該搜集那些用其他方法所不能得到的資料，而不是那些人人皆知的東西。

　　簡而言之，最重要的一點是口述歷史是透過歷史

見證人的敘述來記錄歷史，讓未來的研究者知道：當時的人們是怎樣看待他們過去和當時的歷史的，他們是怎樣在一個共同的社區內生活和工作的，他們是怎樣看待過去的災難的……總之，提供了一把進入過去人們內心世界的鑰匙。

其次，要考慮受訪者的尋找難度。沒有受訪者就沒有口述歷史，受訪者是口述歷史的主角。因而，口述歷史專案選題的時間範圍是有限度的，其首要的標準是我們能夠找到健在的當時歷史事件的見證人。雖然，這一點是不言自明的，可是仍然需要鄭重地提出來，因為口述史學在選擇受訪者的時候，採用的一般是抽樣調查的方法，這就要求所選出來的對象具有代表性。比如在年齡、性別、種族、民族、階級、國籍等方面是否平衡。正因為這些要求，使得受訪者的選擇不是任意的，同時也正由於此造成了受訪者尋找的難度。

第三，要考慮專案所需的人力、物力和財力。有些選題涉及的訪談對象分布很廣，甚至是跨地區和跨國界的。這必然花費大量的人力、物力和財力，顯然，選題的策劃者就要量力而行了。如果不考慮這些因素，即使選題的意義再大，其結果是可想而知的。一

九九九年末，曾經有人建議筆者設計一個有關「世紀
之談」專案——即選擇不同地區、不同階層、不同職
業、不同性別、不同年齡、不同民族等等的人們，回
憶過去一個世紀以來的經歷和感受，並表達對二十一
世紀的憧憬。確實，這個選題很有意義，但是以筆者
的能力是無法完成的。相反，英國廣播電臺（BBC）
和英國國家圖書館聲音檔案館（The British Library
National Sound Archive）聯合主辦的英國歷史上最大
型的口述歷史專案——「世紀之談：BBC 千年口述歷
史計畫」（The Century Speaks: BBC Millennium Oral
History Project）就非常成功[5]。除了兩家單位財力之
外，重要的是英國廣播電臺擁有相當健全和完善的地
方電臺系統。

　　上述的幾點是在選題時必須考慮的，可是卻不能
成為束縛我們從事口述歷史實踐的障礙。作為口述史
學工作者來說，關鍵的是具有實幹操作精神，因為很
多選題的問題和困難是在運作過程中才出現的。

二、口述歷史訪談

口述歷史訪談（oral history interview）是口述史學研究的核心步驟，所有資料的取得和資料的是否有用，都直接決定著研究的進度和效果。在口述歷史訪談中不存在兩種完全一樣的訪談技巧，每個訪談都有自己特殊的需求，每個訪談者都有自身的個性和風格。下述的問題是訪談中頻繁出現的問題，筆者僅根據自己的經驗以及相關研究成果，對這些問題提出粗淺的看法。訪談一般包括準備訪談、執行訪談和結束訪談三個階段。

（一）準備訪談

在口述歷史訪談中，仔細地計劃和準備是訪談是否成功的關鍵因素。在一般的歷史研究中，我們可以透過查閱文獻資料進行補充和修正，可是在口述史學研究過程中，很少有受訪者願意就他已經談過的，但由於訪談者的準備不足或者忽略而沒有記錄的問題重複一遍。準備訪談階段基本涉及以下幾個方面：

■確定目標

　　根據你的選題，確定這個專案的各種目標。口述史學是一項既費時間又費錢的工作，特別需要購買各種錄音和錄影工具、出外採訪旅費、轉錄費用等等。因而，在開始訪談之前，確定專案的各種具體目標是相當重要的。比如需要從受訪者那裏獲得何種信息，口述資料是否全部還是部分轉錄，採用錄音還是錄影，最終成品是出書還是製作成 CD 或 VCD。如果你打算申請一些機構的資助，那麼這些詳細的具體目標對於你的申請是非常有利的。

■訪談者

　　口述史學擺脫了以往傳統歷史學家的研究方法，它不僅要求史學工作者有「坐冷板凳」的研究能力，還要有很強的社會實踐能力。特別是在尋找訪談對象和訪談的時候，可能得到處奔走，這與原來靜坐書齋的舊習慣顯然是格格不入的。由於口述史學是一門跨學科的研究方法，口述史學工作者不僅需要深厚的史學功底，而且需要人類學、社會學、新聞學、民俗學、檔案學以及文學的基本知識和素養。正如前任美國口述歷史協會主席所說的：「抓住一個口述歷史學家，你

就像發現了一個民俗學家、社會學家、經濟學家。」[6]對於口述歷史工作者的要求，國內也有學者提出一些標準，認為從事口述史學研究的人，要具備五大條件：(1)基本的史學素養；(2)足夠的近現代史知識；(3)寫真傳神的大手筆；(4)繡花針的細密工夫；(5)大刀闊斧的遠大見識[7]。當然，要達到這五點是相當困難的，這只不過是一個期望上的要求，從而激勵口述歷史工作者不斷努力從各方面來提高自己的素養。

但是，口述歷史訪談技巧是任何口述歷史工作者所必須掌握的，因為它是口述史學研究的最關鍵程序。對於訪談技巧來說，每個人的方式都不一樣，當然，也不強求統一，但是它必須能夠讓受訪者暢所欲言，而且能控制訪談的主題。對於特克爾來說，最成功的訪談方式是「邊訪談，邊喝咖啡」，即所謂的心平氣和的「聊天」。他的這種方法不偏不倚，總能讓受訪者說出自己的一切，這點深受受訪者的讚譽：「他不會提問尖銳和鑽牛角尖的問題，然而總是能讓我們開誠布公地告訴他那些奇怪的和不為人所知的經歷。他是一個好的聽者（good listener）。」[8]

■受訪者

　　在確定訪談的主題和目的之後，便是受訪者的尋
找和確定工作。尋找潛在的訪談對象有很多途徑，比
如透過個人關係（這裏包括訪談者的個人關係和已有
受訪者的個人關係）、當地報紙、年鑑、教會記錄冊、
校友冊、社區組織、老人活動中心以及一些公共場所。
爲了更有效地找到潛在的訪談對象，筆者認爲透過個
人關係非常重要，因爲每個人都有自己的社會關係
網，透過他們可以瞭解到各種各樣的人，當然其中也
可能有你潛在的訪談對象。一般來說，與陌生人主動
交流，首先很難讓對方相信你，因而如果透過一個雙
方都認識的仲介人，顯然能打破初步交流的尷尬局
面，潛在的訪談對象也比較安心與你交流下去。至於
透過這種方式而獲得的訪談對象對於訪談的順利進行
是不是真正有利，那是不能確定的。因而筆者主張，
作爲研究者來說應該主動去尋找潛在的訪談對象，這
樣更有利於建立起雙方的和睦關係，即口述歷史工作
者應該扮演「偵探」的角色[9]。

　　筆者曾經去某老幹部活動中心尋找潛在的訪談
對象，開始我希望透過活動中心的負責人來瞭解潛在
的訪談對象，很遺憾的是他們不予接待。中心負責人

拒絕接待後，筆者在中心裏碰到一位老人，我要求與他聊一會，可是他卻說：「我與你素不相識，沒有什麼好談的。」兩次碰壁後，筆者開始反省問題出在哪裏。其實，從與人交際的心理來看，每個人最大的滿足是獲得對方的尊重和重視。對於剛才提到的那位老人來說，我的毫無理由的「進入」是對他的「侵犯」。這時，中心裏正有幾位老人在打網球，這對於筆者來說是一個極好的與他們進行交流的機會，因為我也很喜歡打網球。這樣有了共同的話題和興趣之後，至少初步的談話可以進行下去。果然不出筆者所料，我與其中的一位老人談得非常投機，而且他還主動邀請我與他們一起玩。在我們分別時，他還主動留給我他的電話號碼和家庭住址。

　　不過在近幾年很多大型的口述歷史專案都需要自願的訪談對象，也就是說，不需要透過研究者的再三解釋才接受訪談。這些專案的負責人一般透過公共媒體，比如報紙、廣播電臺、電視臺以及互聯網發出他們的邀請函。比如上面提到的「世紀之談：BBC千年口述歷史專案」在尋找訪談對象時，就採用了這種方法。

　　接下來的步驟便是確定正式的訪談對象。由於各

方面條件的限制，不可能採訪所有潛在的訪談對象。
確定受訪者的一條最重要的原則是對方對你的專案感
興趣，而且他是否能夠提供關於你的研究主題的第一
手資訊，即關鍵人物。研究災難史，你可以採訪親歷
災難的倖存者。研究家族史，你可以採訪家族中最有
經歷的家族成員。撰寫自傳，你可以採訪當事人，也
可以採訪他的家人、同事、親戚朋友以及反對者。

　　在確定訪談對象過程中，使用最廣泛的是抽樣調
查的方法。所謂抽樣調查，「就是根據部分實際調查結
果來推斷總體標識的一種統計調查方法。它是按照科
學的原理和計算，從若干單位組成的事物總體中，抽
取部分樣本單位來進行調查、觀察，用所得到的調查
標識的資料，以代表總體，推斷總體」[10]。

　　在社會學中抽樣調查是作為個案研究被使用
的；而在口述史學中，僅僅是受訪者的選擇問題。選
擇的樣本（即正式的訪談對象）是否具有代表性，它
直接關係到最後的概括和預測。在各種各樣的抽樣調
查方法中，最簡單的是「隨機抽樣」。這種方法是在我
們已經選擇的潛在的訪談對象中，每個人都有同等的
機會被抽中。很顯然，這種方法帶有很大的盲目性，
對於口述歷史工作者研究特定的歷史問題是沒有幫助

的。因而，在選擇受訪者時，必須考慮各種因素對訪
談的影響，比如性別、年齡、職業、社會地位、政治
觀點、宗教信仰、民族以及種族等等的差異。因為對
於同一事件的回憶，不同的人由於上述因素的影響而
敘述得不盡相同，只有綜合和相互考證才能更為真實
地描述過去。即所謂的「分層的有目的的抽樣」
（stratified purposive sample）——把總體按照某種標
準分為幾個層次，然後在每個層次中有目的地抽取樣
本。比如學校口述歷史專案，可以把潛在的訪談對象
分成教師部、學生部、後勤部、校友部等等，然後從
這些部中有目的和代表性地選擇。總結起來說，訪談
對象應該「包括社會的各個截面，只有這樣，你的採
訪才能提供一幅過去歷史的平衡畫面」。

　　在受訪者的選擇方面比較具有代表性的是湯普
森，他從英國各個地區、各個階層中精選了五百個曾
經生活在愛德華時代的人作為他的調查對象，並利用
他的調查結果寫了《愛德華時代的人》。他設計了一種
「配額抽樣」的方法，「抽樣是根據一九一一年的人口
普查。男女的比率，居住在農村、城鎮和大都市的比
率……都與一九一一年的比率一樣。我們根據一九○
六至一九六五年『蓋路斯的職業和工資』（Guy Routh's

Occupation and Pay）的已經修改的人口普查種類，透過把樣本分成六個主要的職業群體，盡力確保適當的階級分配」[11]。

確定正式受訪者之後，為每位受訪者建立一個個人檔案，記錄他們的姓名、性別、年齡、信仰、職業、簡歷、電話號碼以及其他補充資訊。

■聯繫

一旦確定你的正式訪談對象後，便是與受訪者聯繫。聯繫的方式有很多種，可以是信函、電話、電子郵件等等。第一次聯繫最理想的方式是給對方去一封信函，向受訪者介紹你的基本情況（包括姓名、單位、工作、電話、住址等等，以便與你聯繫）、你的專案的具體目標以及詢問是否接受訪談等。之所以還要徵求對方的同意，是因為有些人可能對你的專案根本沒有興趣，或者他不能滿足你的要求，所以筆者上面所說的正式的訪談對象，只是針對研究者來說的，因為這裏存在一個多層和雙向選擇的問題。總之，要盡量使受訪者相信他的幫助對於你的專案來說是很有作用的。

為了使受訪者減少對擔心問題的考慮，你必須透

過有效的或者說是法律的手段，來保證你們之間的訪談不會對他產生負面影響。因為，有些訪談涉及到受訪者和訪談中出現的人物的安全和名譽問題。因而，你可以告訴受訪者在正式訪談之前，可以簽署一份有效的法律授權書（legal release form）。

■背景研究

背景研究是一個成功訪談的關鍵。在沒有做任何準備之前從事口述歷史訪談，是非常愚蠢的。訪談者對受訪者和主題瞭解得越多，那麼與受訪者之間建立和睦的關係就越容易。由於記憶的消退或模糊，一些受訪者特別是老人對時間、資料或者人名可能記不起來，如果在訪談中，由於你的事先準備而能幫助受訪者回憶，給他們提供各種各樣的暗示，會避免訪談中經常出現的停頓和尷尬局面，也會贏得受訪者的信任和尊重，顯然，這樣非常有利於訪談的順利進行。反之，會導致受訪者沒有耐性繼續談下去。當然，千萬記住，在訪談中受訪者永遠是主角。

建立對受訪者和主題的瞭解，可以透過各種各樣的管道。比如學校口述歷史專案，校志、校報、學校各種年度報告、當地媒體對學校的相關報導、校友冊、

教師名錄都能提供有效的資訊。在與專業人員訪談之
前，如果涉及到他們的專業領域，又由於訪談者對那
個領域缺乏基本的瞭解。那麼訪談者應當熟悉相關的
工作用語、專業術語、技術語言以及這一領域的概括
等基本知識，這樣才能避免訪談中一無所知的尷尬局
面。

背景研究的另一個管道——以前口述歷史訪談的
錄音帶和抄本。這些資料對於你的專案是很有幫助
的，因為從中可以瞭解他們的訪談風格、提問方式和
問題類型以及訪談的得與失，進而吸取經驗教訓，這
對於訪談新手來說更有意義。

■初步訪談

在訪談中，不僅訪談者遇到如何提問的問題，同
樣受訪者也面臨一個如何回答的挑戰。即使受訪者有
豐富的經歷，但是在回憶和敘述時可能很混亂，不知
道如何組織，這樣會嚴重影響受訪者的心情，甚至使
訪談陷於停滯。因而，透過初步訪談，與受訪者建立
良好的工作關係是很有必要的。安排這樣的初步訪談
需要考慮時間、受訪者、訪談者以及財政預算等問題
的限制。初步訪談可以令受訪者在正式的訪談中比較

放鬆和自在，因爲突然有一個陌生人闖入他們的世界，尤其對老人來說，在他們的心中會存在一層排外的隔膜。同時，訪談者可以藉此機會要求受訪者提供一些照片、日記、回憶錄以及陳跡品等有利於訪談的東西。

　　不過，初步訪談最忌諱的是交流過於詳細，這種情況極有可能出現。筆者與一位老教授初次見面時，由於話題投機，在沒有做任何準備的情況下，我們談了兩個多小時。但在正式的錄音訪談中，問題就出來了，他再也不願意重複上次的談話了，反而這次訪談時間不超過一個小時。顯然這是有違初步訪談的初衷的。針對這一點，也有學者鄭重警告：「那是很容易使初步訪談變成早熟的、不能記錄的訪談。」[12]

　　在初步訪談中，應該約定你們之間正式訪談的時間。約定時間是一項非常麻煩的工作，儘管它操作上很簡單。可是約定一個令雙方都合適的時間，需要經過雙方的積極協調。對於年老的受訪者來說要考慮到他們的健康狀況；對於上班族來說要考慮到他們的作息安排。無論如何，作爲訪談者來說，應該更多地從受訪者的實際情況來考慮，盡量讓受訪者感到安逸。

■設置問題

當你對整個訪談架構有了大概的瞭解以後，就應該準備設置問題。設置問題的方法有很多種，你可以設置令受訪者自由發揮的問題，也可以設置那些只需得到明確答覆（是、不是或者具體的資料、時間、地點）的問題，同樣可以設置那些領導性的問題——使受訪者根據你的具體要求來回答。不管怎樣，設置問題時遵循的最主要原則，是最大限度地搜集到與主題相關的第一手資訊。

問題的種類一般可以分爲六種：定位性問題（ orientation questions ）、共同性問題（ common questions ）、特定性問題（ specific questions ）、閉鎖式問題（ closed-ended questions ）、自由闡發性問題（ open-ended questions ）和領導性問題（ leading questions ）。當然，這些劃分不是絕對的，而且每種問題都有各自的優勢和特點，它們都能在某種意義上和從不同的角度獲得對主題有用的資訊。因而，訪談者在設置問題時應該採取相互結合的原則。

定位性問題是進入真正交流的前奏。它包括受訪者的姓名、出生時間、出生地點、家庭成員，以及他們的學習、工作和生活等方面的基本情況。當然，這

些問題可能在初步訪談中已經都問過，但是並沒有做任何正式的記錄。所以這些問題還需要透過錄音記錄，以便將來的研究者能夠全面地瞭解整個訪談。而且，從這些問題可以描繪出受訪者的社會關係和家庭關係，對接下去的靈活性和主動性的訪談是很有幫助的。因爲訪談者可以從受訪者的家庭成員入手，來引出有關他自己的經歷和內心的感受。舉一個非常簡單的例子，比如我們希望瞭解受訪者的留學動機，在設置問題時，便有兩種方法：一種是簡單地問：「那時您爲什麼會考慮留學呢？」另一種是：「聽說您父親開始不是很同意您出國留學，後來怎樣呢？」很顯然，第二種提問可以得到更多的有關受訪者的留學動機的資訊，甚至能體會到受訪者內心情感世界的變化。

所謂共同性問題，就是指出於專案主題的需要，可能同一個問題會同時向幾位受訪者提出，這樣不僅能搜集到來自各方面的和更爲詳細的資訊，同時也可以從受訪者的回答中做出比較，或者相互印證敘述的真實性。

而特定性問題則是爲了獲得每個受訪者的獨特資訊，正是在這種意義上，兩個訪談中根本不會出現完全相同的問題。這樣的話，訪談的問題必須根據每

個受訪者的具體情況而設，而不能千篇一律。這也是
我們在訪談之前做這麼多背景研究的原因。

　　閉鎖式問題是指那些僅僅需要做出簡短回答的
問題，比如「是」、「不是」、「時間」、「地點」或者「數
字」等等。這些問題一般是訪談者根據自己的背景研
究，再透過提問的方式，從受訪者得到對這些問題的
回答以及他們的看法。在開始提問時，不宜用閉鎖式
問題，因爲這會給受訪者造成太多的限制。正如里奇
先生所說的：「在開始限制問題之前，訪問者應當讓受
訪者解釋他們所認爲最有意義的事情。」[13]更有甚者
認爲「最好的口述歷史是受訪者的準獨腳戲」[14]。

　　一般來說，在訪談中，用得最普遍的還是自由闡
發性的問題，它允許受訪者在回憶和敘述時享有充分
的自主權，讓受訪者最大限度地講出他認爲與主題相
關的資訊，從而滿足其「傾訴的心理」。比如，「您小
時候在哪裏長大的？」和「您能告訴我有關您成長的
地方的情況嗎？」這兩個問題，很顯然，第二個問題
對於受訪者來說有更大的發揮空間，他不僅會告訴你
「地名」，而且會向你解釋那個地方的過去和現在。由
於這種問題很容易使受訪者離題，而訪談者又不好意
思打斷他的談話。因而，莫里斯主張在自由闡發性問

題的基礎上，設計一種兩句式（two-sentence format）
問題，即第一句陳述題目，第二句提出問題[15]。

　　領導性的問題是訪談過程中最忌諱提出的問
題，因為這種問題直接影響著受訪者的回答傾向，甚
至改變受訪者的本來意圖。

　　總之，問題怎樣設置都是相對的，只不過為訪談
提供一個比較清晰的框架。更何況，在具體的訪談中，
還不一定完全按照原來的設置進行。不過，在設置任
何類型的問題時，必須堅持一個不變的原則——簡
潔。如果問題過於冗長或複雜，受訪者很可能因聽不
清楚或者理解錯誤而導致隨便回答。

■設備

　　在某種意義上說，由於科學技術的發展與進步，
賦予口述史學更多新的意義。它真正實現了保存人們
生活經歷的目標，不管是錄音還是錄影。每個記錄都
是獨特和無法代替的歷史「文獻」，它可以用於很多方
面——也許是廣播電臺或電視臺，也許是舞臺或展覽
廳。因而，記錄的聲音和畫面質量是至關重要的，如
果聲音模糊，可能無法轉錄，進而影響口述史學研究
的正常程序，甚至對於其他研究者的工作都是一種罪

過。在這點上，我非常同意戴爾·特勒維恩（Dale Treleven）的看法：「拙劣的訪談對歷史記錄是一種威脅，對案卷保管人是一種痛苦，對研究者是一種虐待，最重要的是，對那些非常願意共用他們記憶的回答者來說是一種侮辱。」[16]

　　大多數拙劣的記錄主要有以下幾點毛病：(1)由於使用錄音機的內置麥克風，而記錄了機器發出的噪音；(2)由於錄音機內的灰塵、污垢而造成的嘶嘶聲；(3)諸如交通工具、空調、時鐘、電話、寵物、昆蟲等等嘈雜的背景聲音；(4)由於麥克風放置問題而造成受訪者的聲音過於模糊。當然，這些毛病透過一些設備的更換和人為的注意都是可以改進和避免的。針對上述的問題，我們可以採取相應的措施：(1)使用與錄音機分離的外置麥克風；(2)注意對錄音機的日常維護；(3)把採訪安排在盡可能安靜的地方；(4)把麥克風放在離受訪者的嘴大概一手掌的跨距。

　　隨著科學技術的進步，口述歷史學家也不斷地調整以適應新的技術的挑戰。慶幸的是科技的迅速發展，給口述歷史工作者帶來很大的便利。僅僅在錄音器材方面就發生了很大的變化，種類上從鋼絲錄音機到盒式錄音機、開卷式錄音機和數字錄音機，操作上

越來越容易，而且攜帶也更加方便。對於一項完整的口述專案專案來說，所需的設備包括錄音機、攝影機、錄音帶、麥克風、耳機、電池、打字機、轉錄機、文字處理機和電腦等等。當然，文字處理機是相當昂貴的，一般專案是無法承擔的。作為口述歷史工作者，應該密切關注新技術工具的更新，掌握它們的基本操作方法，至於能不能購買那是另外一回事。

　　市場上有很多種攜帶型錄音機，口述歷史操作中用得最普遍的是盒式錄音機（cassette tape recorder）。盒式錄音機操作容易、價格適宜、攜帶方便，尤其適用於那些財政緊縮的專案。它分為立體聲和單體聲兩種，前者有兩個聲道而後者只有一個聲道。不過，最好的是使用那些帶有顯示電池能量的指示器（indicator），它有助於訪談者及時地更換電池（當然，僅僅指使用電池的時候，因為很多錄音也直接使用電源）。每次訪談之前，必須準備足夠的電池，切勿因為電池不夠，而無法錄音，這不僅影響訪談的正常進行，而且對受訪者來說是一種不尊敬的表現。因為，很多受訪者非常重視與你的這次訪談，甚至精心地做了準備，而你卻因為低級的準備失誤而影響整個訪談。

　　作為品質比較高的數位錄音機（digital audio tape

recorder），儘管對於增強錄音效果和方便轉錄來說都
是很有幫助的，可是由於它的價格高昂，而使得很多
口述歷史工作者望而卻步。事實上，一些大型的檔案
館和博物館並不願意接受數位錄音帶作為檔案來收
藏，比如美國災難紀念博物館就是一例[17]。

　　很多具有重大保存價值的專案都開始對整個訪
談進行錄影。選擇錄音還是錄影取決於多方面的因
素，比如專案經費、訪談的計畫應用和受訪者的偏
愛。當然，攝影機的操作比錄音機更加複雜，而且得
考慮背景布置、燈光、色彩、亮度、聲音等綜合性的
配合，這對於口述歷史工作者來說是更大的挑戰。不
過，近年來在口述史學領域也開始出現分工，技術性
工作就由一部分專業人員負責，而訪談者仍然堅持自
己的陣地——如何保證訪談更加富有成效。

　　出於專案經費的考慮，錄音機的品質可以一般，
但錄音帶的品質必須要好。因為錄音帶是做永久保存
的。對於盒式錄音帶來說，比較理想的選擇是一盤六
十分鐘（每面三十分鐘）。時間過長的錄音帶，比如九
十和一百二十分鐘的由於過厚，而在使用過程中就比
較容易損壞，同時六十分鐘的錄音帶也比較適合訪談
的進度（可以在錄完一盤後，休息片刻）。

　　好的麥克風也是很關鍵的。不過最好不要使用內置麥克風，它會記錄下機器操作的噪音，直接影響到錄音帶的聲音品質。最佳的選擇是使用外置的「垂飾式麥克風」（lavaliere microphone），把它別在受訪者的衣領上，當然，最好是受訪者和訪談者都有一個。耳機也是不可缺少的，訪談者利用耳機可以及時地控制和調整錄音的品質，不過千萬記住不要因此而影響受訪者的敘述。

　　轉錄錄音帶是一項極其費時和艱苦的工作。一小時的錄音帶轉錄大概需要五至十個小時，如果聲音品質差的話，便使轉錄工作無從進行。而轉錄機（transcribe machine）的出現大大減輕了工作量，它可以按照操作者的需要而快進、後退、停止和倒帶，而且可以反覆地聽以確認每個字。同時，轉錄機可以控制錄音帶的轉速，以適應操作者的打字速度和及時地修改。

　　由於設備的更新速度極快，而且種類繁多，這裏不可能對這些設備做具體的介紹。不管使用何種設備，在訪談之前，切記一定要非常熟練地操作。

　　為了保證到達訪談地點後訪談的順利進行，訪談者應該事先做好一段錄音，即「錄音帶引言」──「今

天是 xxxx 年 xx 月 xx 日，xx（訪談者）與特邀嘉賓
xx（受訪者）所做的關於 xx 的訪談」。當然，這段錄
音可以有很多種表達方式，主要是讓將來的研究者和
聽眾能夠在開始聽錄音時，就能明白這盤錄音的基本
資訊。

（二）執行訪談

　　執行訪談是口述歷史訪談中的實際階段，它記錄
受訪者的個人回憶和內心感受。在訪談中，不存在唯
一正確的口述歷史訪談技巧，訪談技巧有很強的個
性，正如一些學者所說的，「有效的口述歷史訪談是一
些人自然地擁有的，其他人卻必須學習，甚至有些人
是無法學習的」[18]。儘管如此，作為一種訪談，它也
有一些基本的相通之處，不管是口述歷史訪談，還是
社會學、民俗學、人類學以及新聞學的訪談。這部分
將介紹訪談中的一些基本注意事項。

■準時到達

　　考慮到受訪者的諸多因素，比如受訪者年邁或者
比較忙，因而將訪談的地點一般選擇在受訪者的家裏
或者辦公室，當然，經過雙方的協調是最好的。按照
初步訪談確定的訪談時間，確保準時到達訪談地點。

為了避免因尋找訪談地點而遲到的尷尬局面，訪談者
應該問清楚到達訪談地點的具體路線或者怎樣坐車。
如果確實遲到的話，必須向受訪者仔細解釋原因，以
取得對方的諒解並再次確定訪談時間。原因合理的
話，一般受訪者是不會介意的。

到達訪談地點後，你所要做的第一件事，便是如
何盡快穩定自己和受訪者的情緒，盡量使受訪者感到
愜意。而且作為訪談者來說是一位客人，所以舉止不
能顯得太唐突，比如抽煙、嚼口香糖、衣著不整等等，
都可能會給受訪者留下壞的印象，直接影響受訪者的
訪談情緒。尤其不要亂動對方的私人物品，那是極不
禮貌的，除非經過受訪者的同意。

■訪談地點

到達訪談地點，經過必要的基本介紹（也許在初
步訪談中已經完成）和問候後，應該與受訪者商量，
選擇一個具體的訪談地點。考慮到受訪者在訪談中的
特殊作用，選擇的地點應該是他所熟悉的，比如書房、
客廳或者是臥室。但是，必須保證一點就是如何控制
周圍各種因素的影響，包括門鈴、電話、電視、寵物、
小孩、秘書以及街道上的噪音。因而，訪談者應該事

先考慮到這些因素，而採取盡可能的防範措施。如果
訪談在受訪者的家裏進行，可以委婉地要求受訪者暫
時關閉門鈴、電視、電話等易產生噪音的擺設；對容
易影響受訪者注意力的小孩和寵物，可以暫時安排一
下。如果受訪者是位公司主管的話，可以請求受訪者
給他的秘書打一個招呼，以示不要隨便敲門，或者可
以在門上掛一個警示牌。

　　如何處理周圍諸如街道上的雜音，是每個訪談者
面臨的最大問題。周圍的雜音在訪談中都會被錄音機
錄下來，直接影響到錄音的品質。除了透過與受訪者
的協商能解決的問題之外，我們唯一能做的是改變訪
談地點的布景，相對來說，比較軟的陳設品可以吸收
聲音，而堅硬物體的表面容易產生回聲。但是，沒有
得到受訪者的允許，千萬不要改變訪談地點原先的布
局，這對受訪者來說意味著「侵犯」。與口述歷史學家
不同的是，民俗學家、人類學家和社會學家則極力希
望捕捉訪談的「聲音環境」，包括周圍的各種聲音，從
教堂的鐘聲到海浪聲[19]。

■設備放置

　　簡單地說，錄音機應該放在訪談者容易接觸的地

方，因為要定時地檢查它的功能和控制錄音品質以及
換帶等操作。不過錄音機不應放在受訪者的直視範圍
內，這樣會影響他（她）的注意力。同時，錄音機和
其他設備也得考慮電源插座的位置，因為有些設備可
能是使用電源而不是電池。

　　錄音一段時間後，可以要求暫停訪談（必須選擇
合適的時間），然後聽一下剛錄的錄音帶，一方面可以
檢驗錄音帶的聲音品質，另外也可以讓受訪者緩衝一
下緊張的情緒。而且，人們希望聽到他們自己的聲音，
尤其對那些一直不受重視的受訪者而言，這是排除他
們對設備恐懼心理的有效手段。

　　有些訪談者考慮到受訪者對錄音機等設備的恐
懼心理，或是有些受訪者不願意接受錄音訪談，便答
應受訪者不做任何錄音，卻暗地裏使用錄音機。這樣
做不僅是不道德的，而且也是一種違法行為。

■提問

　　訪談中最可怕的是出現對答式的訪談，因為這樣
會使受訪者處於被動的局面，甚至讓人感到受訪者是
被告，而訪談者卻是檢察官。至於如何開始提問，這
不是絕對的，需要根據專案的性質和主題而定。如果

是一些自傳性訪談，可以根據時間順序；而一些主題性訪談，比較合理的是從主題事件入手。

　　但在具體的訪談中，即使是自傳性訪談，受訪者卻不一定按照時間順序來回憶和講述他的經歷，更普遍的是人們經常根據重大的和有意義的事件來回憶。波特利在他的論文——《我的生命的時間：口述歷史中時間的作用》中解釋了這個特點：「歷史學家可能對重建過去感興趣；而敘述者傾向於設計形象。因而，歷史學家經常努力地追求直線的、按照年代排列的序列；敘述者可能更加感興趣於追尋和收集那些交錯於自己一生中的意義、關係和主旋律。」[20]

　　開始提問時，問題不宜過於具體，而應該是一些受訪者自由發揮空間較大的問題。而且問題也不宜直接涉及到訪談的主題或者具體事件，反而，開始時，可以談論一些關於受訪者的個人、家庭、工作、生活等方面的話題，即使這些資訊你已經瞭解，但畢竟這些資訊來自於受訪者的口述。這樣有利於建立訪談的歷史背景，而使得受訪者感到很愜意。

■傾聽

　　在訪談中，最重要的是雙方的相互尊重，受訪者

的傲慢和訪談者的支配態度，都無助於訪談的順利進行。在訪談者方面，他首先應該是一個很好的聽者。而且部分口述歷史學家強調「積極地聽（ listen ），而不是無謂地聽（ hear ）」[21]。僅僅相對於「聽」來說，就有很多種方式，比如：「仔細地聽」、「安靜地聽」和「耐心地聽」。如上述所說的，訪談不是一種審判模式，不是訪談者提問，而受訪者僅僅根據問題來回答。它需要訪談者仔細地、全神貫注地傾聽受訪者的敘述，記住受訪者所說的大概意思，而且要做出適當的反應。而由於訪談者又得不時地注意答錄機的操作，這可能會在某種程度上分散他的注意力，在這種情況下，訪談者尤其要注意仔細地聽。

　　有些訪談者為了表示對受訪者的敘述感興趣，在受訪者講述的過程中，不時地低聲說：「是、是」、「對、對、對」、「啊哈」、「真的嗎」等等。也許，這些在日常的交談中很正常，可是在正式的訪談中，它會造成很多負面的影響。首先，「這些聽得見的回答，如果太熱情的話，可能扮演正如『領導性問題』所造成的抑制受訪者的角色」[22]。其次，它影響錄音帶的轉錄，甚至影響到錄音帶作為檔案保存的價值。所以訪談者要安靜地聽。

　　訪談中出現的「沉默」現象是很正常的。有些受訪者卻把它看成訪談中的「隔膜」，爲了避免這種尷尬局面，便急於插入自己的談話或者直接提問下一個問題。沉默問題不是絕對的，因爲有些受訪者就比較喜歡沉思，或者在敘述之前，善於將問題在心裏組織一番。因而，關鍵的是訪談者要適應受訪者的節奏，對他的敘述風格保持高度的敏銳感。另一方面，太久的沉默會使訪談陷入僵局，在這種情況下，訪談者有必要做委婉的提醒或者轉換到其他問題，當然，在轉換到新的問題之前，必須向受訪者解釋清楚，因爲作爲記憶來講，它有一種思維定性的特點，也就是思維的跳躍需要一個過程。訪談專家雷蒙德•戈登（Raymond L. Gorden）建議：「在提問下一個問題之前，你應當給敘述者至少十秒的暫停時間，看他是否還需補充什麼。」[23]這裏，耐心地聽就顯得十分重要。

■不合作的受訪者

　　訪談作爲雙方的互動過程，不僅訪談者要做一個很好的聽者，而作爲受訪者應該是一個積極的資訊提供者。大多數受訪者都會比較友好和合作，但是，也有部分受訪者因爲固有的交流習慣、保守隱私，或者

其他考慮，而在訪談中顯得不是那麼合作。

首先是經常離題。當然，這並非一定是受訪者故意的，因為，有些人在敘述時可能比較激動而一發不可收拾。作為訪談者應時刻注意這個問題，而把訪談的焦點拉回到主題上來，但是語氣不應過重，因為可能會影響到對方的自尊心。離題情況的出現，部分原因在於訪談者沒有向受訪者解釋清楚訪談的主題，或者是對你的提問理解產生誤差。

受訪者的回答過於簡短也會經常出現。「那些對提問產生憤恨的敘述者，在某種程度上會極力嘗試獲得訪談的控制權。」[24]因而，受訪者在敘述時，可能不願意回答訪談者的問題，或者故意壓低自己的聲音以示自己的不情願。這時，作為訪談者來說，應該換一種提問方式或者轉換話題，以緩和雙方之間的緊張氣氛。在萬不得已的情況下，訪談者還是應該積極地維護你們之間的合作關係，即使比較脆弱，畢竟口述史學研究的主要來源在受訪者。當然，也正如瓦萊麗·拉雷海所說的：「有時，當你做了盡可能多的努力之後，敘述者仍然顯得不信任、憤恨和敵視，那你就應該放棄。有禮貌地對敘述者表示感謝而離開。如此毫無希望的建設性工作只是浪費你的時間。」[25]

　　儘管有些受訪者開始表現得很不合作，可是一些
有訪談經驗的訪談者卻能打破這種僵局。特克爾曾經
採訪過一位九十多歲的著名哲學家，開始，這位哲學
家以多種理由表示只能接受半個小時的訪談。特克爾
在提問一些基本的哲學問題之後，哲學家以簡短和毫
無特色的話語回答了這些問題。爲了爭取更多的訪談
時間，特克爾不經意地問：「年輕時您喜歡過一位叫雪
莉的女孩，現在依舊如故嗎？」這個誘人的、私人的
問題令這位哲學家很吃驚，他根本想不到訪談者準備
得如此充分[26]。因而，怎樣才能讓受訪者向你開誠布
公地講述他的過去，最重要的是你的提問能夠引起他
的充分興趣。提出這樣的問題是相當不易的，這裏需
要訪談者熟悉並盡量瞭解受訪者身邊的人，他們能夠
提供很多至關重要的資訊。

■和睦關係

　　一個成功訪談的關鍵在於訪談者與受訪者之間
和睦關係的建立。受訪者的主要任務是如何創立一個
愜意的、開闊的氛圍，以使受訪者開誠布公地向你講
述他的經歷。在訪談中，和睦關係的建立需要經過一
系列的階段，著名人種學家詹姆斯‧斯帕拉德雷（James

Spradley）在《人種學訪談》一書中，把它分為四個階段：憂懼（apprehension）、探測（exploration）、合作（cooperation）和參與（participation）[27]。

第一階段的憂懼是來自雙方的，作為訪談者來說，即使經驗再豐富，也會產生無法把握訪談的擔心，因為每個訪談都是不一樣的，甚至有很大的隨機性。而受訪者不知道訪談者需要哪些具體的資訊。

緊接著便是雙方的相互探測階段。訪談者希望能透過仔細的傾聽和積極的反應，逐步取得受訪者的信任。受訪者在敘述時，有很多因素導致他不能隨心所欲。因為，他有很多擔心：首先來自他對專案主題的缺乏瞭解；其次是他的敘述到底對這個專案有什麼幫助；再次是訪談的資料會不會影響到他以及別人的人身安全和名譽問題。

在訪談開始之前和訪談之中，訪談者應詳細、具體地向受訪者解釋這些他們擔心的因素。針對第一個擔心，訪談者應該誠實、直接地向受訪者解釋專案的主題、目的、應用等具體問題。那麼怎樣才能使受訪者明白自己在訪談中的地位呢？訪談者的積極肯定是一種不錯的刺激方式──「對敘述者在訪談中的工作進行積極的評價，有助於激發敘述者的動機而努力地

合作。」[28]

　　簡言之，就是突出受訪者在訪談中的個人地位。
在提問時，訪談者可以盡可能地讓受訪者說出自己的
內心感受和看法。

　　作爲第三種擔心，訪談者在開始時應當向受訪者
說明當訪談結束後，雙方可以簽定某種形式的法律授
權書。總之，在訪談中，訪談者要表現得非常重視受
訪者，讓受訪者覺得自己對這個專案很重要，更重要
的是，訪談者要經常站在對方的位置來體會他的感受
——「讓敘述者明白你有同感，『我可以想像您的感
受』。」[29]

　　當雙方之間、特別是受訪者的疑慮消除後，訪談
便開始進入相互合作的階段，也就是說，受訪者在心
理上已經承認訪談者可以開啓他的心扉。但是，這扇
「門」能開多大，還得取決於雙方合作的成功與否。
因爲在訪談中，經常出現上述所說的不合作現象。斯
帕拉德雷認爲只有承認受訪者在訪談中的「教師」角
色，才算真正進入「參與」階段[30]。這種觀點也符合
部分口述歷史學家的主張:「最好的策略是訪談者扮演
學生的角色，而把受訪者看作教師。」[31]

■身體語言

在日常交際中，除了透過語言來表達意思和感情之外，還存在著大量的非語言交談。據一種估計，大多數人實際上每天所講的話僅僅只有約十到十一分鐘，在一般的兩人會話中，語言所表達的意義平均占該環境的社會意義的 35%，非語言內容卻占 65%[32]。身體語言（body language）僅僅是非語言交談的一種形式，它主要包括面部表情和姿態。面部表情可能是非語言資訊中最豐富的源泉，因爲它們直接暴露著感情[33]。在訪談中，受訪者爲了對訪談者的提問表示厭惡、反對，或者表示一種特別激動的心情，往往顯露一些不同往常的反應，比如微笑、大笑、吃驚、皺眉、瞪眼等等。訪談者要敏銳地觀察受訪者的這些變化，以便及時地調整自己的提問方式和訪談主題，當然也可以借題發揮。

至於用於表達思想、感情、態度的身體姿態，在不同的文化環境中，所蘊涵的意義可能是不一樣的。交際研究專家發現：「當人們在構造圖像的時候，經常向上並往右看；在回憶圖像的時候，經常向上並往左看；當人們在組織語言的時候，經常水平地往右看；在回憶聲音的時候，經常水平地往左看；當人們在集

中思考的時候，經常向下並往右看；在控制內心獨白的時候，經常向下並往左看。」[34]不過他們也警告，這些表現對每個人並不是千篇一律的，左撇子可能會有相反的反應。在訪談中，受訪者所表現的姿態是各種各樣的，不停地蠕動、翻轉手錶、眼睛大範圍地掃視等動作，反映了受訪者可能對訪談問題不感興趣或者是不願意回答；而眼睛下垂、打呵欠、伸軀可能是受訪者感到疲倦。這時，訪談者就有必要安排一次適當的休息。

■集體訪談

在正式的訪談中，最普遍的是一對一的訪談。因為這種訪談比較集中，而且相對來說比較有秩序。集體訪談在初步訪談中是很有作用的，它有利於訪談者從多方面來瞭解受訪者的資訊。不過，最好不要用於正式訪談，因為不僅不好記錄，而且錄音帶裏的聲音很難辨認，尤其給轉錄工作帶來很大的不便，甚至影響有組織的訪談。因為在集體訪談中，主要的訪談者可能會抑制其他人的參與，或者訪談可能會變成受訪者之間的會話，而不是有組織的訪談。

當然集體訪談在錄影訪談中還是有很大的優勢

的，它不僅可以分辨每個受訪者的聲音，而且有助於調節受訪者與訪談者之間的訪談氣氛。

■「局內人」和「局外人」

　　所謂「局內人」（insider）是指訪談者與受訪者來自於同一個社區、組織或者群體，簡單地說，雙方具有一種同樣的社會身分和一致的文化心理。相對於「局外人」（outsider）來說，「局內人」更容易與受訪者建立和睦的關係，因為受訪者在開始時比較相信「局內人」。同時，「局內人」也可以省去大量的背景研究工作。而且，由於「局內人」比較瞭解受訪者的情況，在訪談中，就有比較大的主動性和靈活性，隨時可以提出一些富有建設性的問題。

　　不過，這種固有的「親密關係」也有很多缺點。既然，訪談者是「局內人」，在受訪者看來，他應該比較瞭解他們與自己相關的資訊，所以在一些細節問題上，受訪者可能不願意詳細解釋。而且，在受訪者的心理上存在這樣一個因素，他會覺得訪談者對他的經歷不感興趣。反而，作為「局外人」來說，由於不是很瞭解受訪者，因而對他的任何敘述都會很好奇地洗耳恭聽。甚至，一些受訪者還會不厭其煩地向「局外

人」展示他們群體的「驕傲」。

不管是「局內人」還是「局外人」，作爲受訪者應該保持虛心請教的態度。不管你瞭解對方多少，最理想的是多問幾個「爲什麼」，因爲從這些問題中除了能夠得到基本的事實以外，更重要的是記錄了受訪者的個人解釋和內心感情。在訪談中，如果你顯得很「無知」（相對而言），受訪者一般會很耐心地向你解釋和盡量提供給你所需的資訊。

■性別、階級、民族、種族差異[35]

訪談雙方的這些差異會直接導致提問和回答方式的變化。很明顯，同是女性之間的訪談可能會比較有深度和融洽。一九三〇年代，由聯邦作家專案（Federal Writers Project）主持的與過去奴隸的訪談中，就出現這種情況。一個年老的黑人婦女同時接受了白人婦女和黑人男子的探訪，結果發現與白人婦女的訪談氣氛更爲和睦和輕鬆。當然，如果訪談者是黑人婦女的話，結果可能會更理想。由於歷史的原因，婦女地位一直不受人們尤其是男性的重視，在訪談中，男性總是以高人一等的語氣提問女性。研究發現，「這種情況在男性—女性的訪談中是經常出現的，因

爲我們的社會沒有像尊重男性那樣尊重女性的工作、專業技術以及她們的言談。」[36]很顯然，女性爲了表示對這個社會的抗議，在訪談中存在一種潛意識或者有意識的反叛情緒，同是女性之間的訪談，因爲同樣的「社會遭遇」使得她們走得更近。

　　性別、階級、民族和種族的差異是天然存在的，之所以產生諸多的影響和反應，很大程度上是由於偏見和歧視的惡性循環造成的。所謂「偏見」，即是用老的思維和一般化的方法判斷人和事，簡言之，就是「判斷在前」。對於女性、少數民族、地位低下群體的偏見，是在歷史中形成的，又是在歷史中發展的，也就是說偏見是可以「傳習」的。而基於偏見基礎上的歧視又導致更大的偏見。深受社會歧視的群體爲了控訴社會的不平等（在實際地位無法改善的前提下），慣以「偏見」的態度來回應這個社會，尤其是他們的敵對群體。

　　由於上述差異的不可避免性，專案負責人除了在人員上加強調配工作之外，最現實的辦法是積極面對這些差異，採取補救措施，以贏得受訪者對訪談者的個人信任而排除「群體偏見」。在這個問題上，美國口述歷史協會也制定了相關的原則和標準：「訪談者應該努力取得專案的目標和受訪者個人觀點的平衡。他們

也應對受訪者的社會地位和文化經歷的多樣性，保持
高度的秘密感。當然也包括他們的種族、性別、階級、
民族、宗教和性觀念的差異。他們也應當鼓勵受訪者
按照自己的風格和語言來回答，並提出他們沉思的問
題。訪談者應當充分探究受訪者的任何適當領域，而
不應滿足於膚淺的訪談。」[37]

■物品

在訪談中，很多受訪者願意將自己的某些物品拿
出來向訪談者展示，這些東西對他們來說有著特殊的
意義，或許每個物品背後都隱藏著一個鮮為人知的故
事。訪談者要充分注意跟受訪者有關的物品，包括相
冊、日記、家譜、紀念品等等，這些東西很可能會刺
激他們的記憶，從而挖掘出更多的資訊——對於類似
口述歷史的深度訪談（in-depth interview）是非常有用
的[38]。

諸如相冊和其他紀念品之類的物品在轉錄、編輯
和校對完成之後，要及時和完整地交還給受訪者，並
表示衷心的感謝。

（三）結束訪談

■結束訪談

　　一些缺乏經驗的訪談者在自己的提問問完以後，就匆匆結束了訪談，這對於受訪者來說是很不禮貌的。因為，受訪者可能還有其他資訊補充或者他的思緒還沒有回來，訪談者應該緊接著話題與對方閒聊，慢慢使受訪者放鬆下來，尤其是那些經歷過大災難的受訪者。

　　如果條件允許的話，在訪談結束之後，立即給錄音帶貼上標籤（註明受訪者和訪談者的姓名、訪談時間和地點，以及錄音帶的歸類），以免混淆錄音帶，給以後的轉錄工作帶來麻煩。

■法律授權書

　　關閉錄音機之後，將法律授權書交給受訪者，詳細地向受訪者解釋法律授權書的目的、作用以及怎樣填寫。當然，也可以在錄音帶轉錄和抄本編輯完成之後，等到受訪者閱讀和提出修改意見再填寫。

■表示感謝

　　訪談結束之後，訪談者應及時向受訪者表示感

謝，可以透過電話、信件和電子郵件等方式，不過爲
了尊重起見，最佳的方式應是信件。

三、口述歷史資料的整理和編輯

　　「口述歷史訪談的最終產品不應該僅僅是內附
一盤錄音帶的小盒子——那些迷人的評論只有上帝和
熟悉專案的人知道。真正的目標是以最方便和最容易
的方式向別人展示訪談的內容。」[39]創建口述歷史訪
談的書面版本——抄本（transcript）是必要的，因爲
不同的人對於它的需求是不一樣的，那些研究口頭語
言和交際的研究者可能就認爲只有錄音帶才是最眞
的。而一些基於研究目的的社會學家、人類學家、歷
史學家認爲口述歷史抄本就足夠了，沒必要費那麼多
時間去聽錄音訪談。

　　錄音帶轉錄完畢，需要經過受訪者和訪談者的雙
重檢查，待受訪者提出修改意見或者補充附加資訊
後，訪談者再予以系統的校對和編輯。爲了將來的研
究者和一般讀者方便地找到所需的資料，有必要爲每
個訪談建立一個文檔系統。

（一）轉錄

■總結

　　所有的錄音訪談是否轉錄（transcribe），主要取決於專案的目的和財政預算，嚴格說來，在專案開始啟動時，這個問題就應該在專案的目標中做出詳細的說明。許多口述歷史專案就沒有必要製作一份完整的口述歷史抄本，因為對研究者而言，他主要是為了透過訪談、訪談中出現的問題以及訪談所得出的結論，來證明他的某種設想或者理論。因而，就整個訪談做一個大概的總結就夠了。

　　同時不得不考慮錄音帶本身的品質問題，有些錄音訪談由於受訪者口齒不清、口音重或者用的就是方言，這樣的話一般的讀者和研究者是沒有辦法聽的。很顯然，在這裏做訪談總結就顯得非常必要。

　　與轉錄工作相比，做一份訪談總結不僅省事而且省錢，也不需要專業的轉錄人員。訪談結束不久，訪談者根據對訪談的回憶，就可以寫出一份相當不錯的訪談總結。儘管如此，一份優秀的訪談總結應該包括以下幾個基本要素：(1)訪談者和受訪者的基本介紹以及訪談的基本資訊，包括時間、地點、備註；(2)對照

訪談表單，對訪談的內容做一個概括的介紹；(3)訪談
中出現的特殊問題；(4)就訪談的優勢、缺陷以及經驗
教訓做一個總結。

當然，訪談總結與轉錄並不是相互衝突的，即使
是所有的訪談都要轉錄，訪談總結仍然是必要的，因
爲它有助於瞭解訪談的大概內容，從而使轉錄人員保
持對訪談進度的控制。

■錄音帶與抄本

錄音帶和抄本是同一種口述歷史訪談的兩種不
同形式，但是兩者哪一個是「真正的口述歷史」呢？
這個問題曾經在一九七六年的美國口述歷史協會年會
（加拿大召開）上發生了激烈的爭論。主張錄音帶是
「真正的口述歷史」的與會者認爲，錄音帶才是第一
手資料，經過轉錄的抄本不僅沒有完全反映受訪者的
敘述，而且在某種程度上對受訪者的敘述進行了不同
程度的曲解，因而抄本只是錄音帶的一種詮釋而已，
不同的轉錄人員去做，其結果是千差萬別的。而傾向
於認爲抄本是「真正的口述歷史」的與會者，則是從
實際運用的角度來闡述他們的主張，因爲大部分研究
者使用的主要是抄本。甚至有些檔案館的負責人說，

如果有抄本的話，沒有研究者願意去聽錄音帶，除了少數的那些研究民俗、語言以及社會學的研究人員。

錄音帶和抄本究竟何者是「真正的口述歷史」，就像人們對「口述歷史」的定義一樣，由於研究身分的差異，從而造成對兩者的偏好或者厭惡情緒。最理想的選擇應該是如里奇所說的：「錄音帶和抄本之間不是二選一的問題，而是以相互補充為目的的。」[40]當然，口述史學發展到今天，隨著科學技術的發展，口述歷史學家們不再就何者是「真正的口述歷史」而吵得天翻地覆，他們也開始同時接受錄音帶和抄本兩者形式。目前，在一些著名的口述歷史研究機構不僅保存有原始的錄音帶，而且每個訪談都有完整的抄本。

■轉錄人員

從轉錄的品質來看，轉錄人員最理想的選擇應該是受訪者，因為受訪者最明白訪談的內容，也最明白訪談中的錯誤敘述，他可以及時地根據自己的記憶和佐證相應的資料加以修改。但通常這種方法是行不通的，因為受訪者一般是被邀請的，而專案的組織者也難以提出這樣的要求，除非是受訪者本人同意。

受訪者之外的選擇必然是訪談者，因為他也是訪

談的參與者，在某種程度上他「駕馭」訪談的架構和走向。顯然，訪談者在轉錄時就非常明白訪談的內容，他知道哪裏需要停頓、哪裏需要修改……。

　　當然，隨著社會分工的細膩化，轉錄服務業也開始興起，爲那些不願意親自轉錄的人提供服務。不過，這種服務的費用相當昂貴，一般的口述歷史專案是無法承擔的。

　　不管怎樣，作爲轉錄人員必須具備一些基本的素質，比如對句子的語法和句式結構比較熟悉，善於將非正式的口語轉錄成可讀的、易懂的書面語言。同時，對方言和口音的差異有比較敏銳的分辨能力。簡言之，轉錄人員的轉錄要達到這樣一個效果──「設法重塑講話者的對話和口音，並反映訪談的聲音和節奏。」[41]

■抄本

　　一份理想的抄本不僅有助於一般讀者和研究者瞭解訪談，而且它的製作也是受訪者和訪談者透過修改和校對，不斷提高訪談品質的過程。拙劣的抄本就像美國口述歷史學家戴維・杜納威（David K. Dunaway）所說的：「口述歷史訪談是一項多層次的、

暢談的活動，而一份抄本僅僅是蒼白的反映。」[42]

　　那麼，一份理想的抄本要達到什麼效果呢？當然，在這個問題上，產生的分歧也很大。有的口述歷史學家主張應該逐字逐句地轉錄受訪者和訪談者的敘述，至於訪談中出現的「口頭語言」（比如：「是」、「啊哈」、「哦」等等）、「不完整的敘述」……也要原封不動地轉錄。另外也有人主張為了讓抄本顯得明瞭，應該將訪談中出現的上述問題刪除，或者做變相的修改。更有人主張，所謂的抄本應該是錄音訪談的一個全面總結而已，沒有必要逐字逐句地記錄。

　　至於上述的爭論，在某種意義上都是有道理的，因為他們總是從自己的實際應用出發來考慮抄本對他們的意義。不過，理想的抄本應該最大程度地反映出口述歷史的特點——簡言之，就是要突出口述歷史的口頭敘述性質，它既不是受訪者自我炫耀的舞臺，也不是訪談者審判的法庭。專業的轉錄人員根據其職業水平和道德，將活生生的口述訪談整理得井井有條，句法和文法結構都非常準確，可是總覺得缺乏生氣，也就是說泯滅了口述歷史的口頭敘述性質。因而，筆者主張應該在逐字逐句轉錄的基礎上，保持口述歷史訪談——即口頭敘述的特點，比如口頭語言、不完整

的表達習慣、方言、口音等都應該反映在抄本中。至
於由於這些問題所產生的歧義，可以在附註裏予以合
理的說明。

　　總之，一份理想的抄本「應該是訪談內容的準確
的、逐字逐句的反映，盡可能地保留訪談的品質和講
話者的個性，而且它易於閱讀和理解」[43]。

■開始轉錄

　　轉錄雖然是一項既辛苦、花時間、又費錢的工
作，可同時也是相當有意義的過程，因為轉錄是訪談
者總結訪談經驗的最佳方式，當然，這僅僅限於轉錄
人員是訪談者。轉錄並沒有一套標準的模式和規定，
除了其法律和倫理考量之外。這裏僅僅提供一些基本
的操作要求：

　　1.準備階段：為轉錄人員提供一份關於訪談的基
　　　本資訊，以及訪談中出現的地名、人名、專業
　　　術語。如果對訪談不瞭解的轉錄人員在轉錄之
　　　前，有必要首先聽幾遍錄音帶，熟悉訪談的內
　　　容、結構以及受訪者和訪談者的敘述風格。
　　2.基本格式：轉錄而成的抄本有一個基本的格
　　　式，這裏僅僅提供參考。首先是「引言」部分，

包括訪談的時間、地點、受訪者和訪談者的基本資訊、訪談的主題以及專案的基本目標。第二是「標誌」，即標明轉錄的內容與錄音帶的進度協調問題。緊接著「引言」部分，標明 "Tape 1 Side A"，然後在錄音帶每一面轉錄完畢後，標明 "End of Tape 1 Side A；Tape 1 Side B"。以下的就按照這種方式依次標上。第三是「模式」，即表達受訪者和敘述者的方式。可以採用的選擇有 Q（question, 表訪談者）和 A（answer, 表受訪者）、I（interviewer, 表訪談者）和 N（narrator, 表受訪者）等各種方式。至於選擇何種方式，主要考慮是否有利於一般讀者和研究者們的閱讀。

3.法律和倫理要求：不管訪談內容的機密性如何，作為轉錄人員要嚴格遵守其職業道德，不得將訪談的任何內容向外界透露。如果有必要的話，專案的負責人可以與轉錄人員所在的單位簽定某種具有法律效力的協定，從而避免產生不必要的各種糾紛。

4.製作一份子帶：口述歷史訪談的母帶必須完整地保存原貌。因而，在轉錄之前，需要複製一

　　盤子帶，以做轉錄和編輯之用。

■標點符號

　　爲了規範學術的正規化，國家技術監督局頒布了「標點符號用法」準則。目前各種學術刊物和著作所要求的是以一九九五年頒布的爲準。如果注意到各種學術刊物的「徵稿簡約」的話，必然包括關於「標點符號用法」的說明。作爲轉錄而成的抄本，也是一種學術資料，因而在轉錄過程中也必須嚴格遵守基本標點符號的用法，即使很多轉錄人員習慣於用各種自己易於辨識的符號來表示。

(二)校對

■訪談者

　　錄音帶轉錄完畢後，進行校對的第一個人選應當是訪談者。訪談者熟悉訪談的內容以及全過程。他應該針對轉錄人員轉錄過程中的拼寫錯誤、缺漏、列印錯誤等加以修改。如果可以的話，及時地與受訪者聯繫，就某些具體問題進行核對，比如人名、地名和專業術語等等。

■受訪者

受訪者在校對過程中所肩負的責任重大，只有他最清楚初步抄本中的錯誤，也只有他有權利對抄本中的哪些內容予以保留或者刪除，未經受訪者校對和授權的抄本不僅在法律上是無效的，而且是不道德的。

受訪者可以根據初步抄本中的錯誤、訪談者和轉錄人員提供的缺漏線索進行修改和補充。如果受訪者對整個訪談還有補充的敘述，可以作爲正式抄本的附錄。

經過受訪者校對的初步抄本還回給訪談者，訪談者再進行不同程度的修改和編輯。所有的抄本校對完成後，訪談者應該將正式的抄本並附以法律授權書送給受訪者。

（三）索引和訪談文檔

■索引

索引的製作是相對的，也就是說，可以爲一個訪談做一個完整的索引，同樣也可以爲一個專案或者一個研究機構所有的訪談做一個系統的索引。索引一般是按照字母順序來排列的。索引的建立有助於研究者方便地找到他所需的資料；同時現在很多圖書館、博

物館以及研究機構都建立了網上檢索系統，透過查找
「關鍵字」並可以下載相關的資訊。哥倫比亞大學口
述歷史研究室製作了從一九四八年到現在所搜集的所
有訪談的索引，只要「點擊」索引便可以顯示關於這
個索引的內容摘要。這項龐大的索引內容是豐富的學
術寶庫，它不僅爲研究者提供相關內容的資訊，而且
也可以爲新手們的選題提供極好的借鑒。

■訪談文檔

　　儘管透過索引，研究者可以方便地獲得訪談的基
本資訊，可是在他不知道索引的背景內容的前提下，
索引給人的感覺是孤立的，外來的研究者也不明白索
引所包含的主題是什麼。如何才能爲研究者提供一個
既全面又概括的資訊呢？其最佳的選擇是爲每個訪談
製作一份訪談文檔（interview file）。

　　訪談文檔包括專案組織機構、專案主題和具體目
標、訪談時間、訪談地點、受訪者的基本資訊、訪談
者的基本資訊、錄音帶資訊、訪談總結、使用規定以
及必要的備註等資料。透過這些基本資料，研究者就
一目瞭然，也不用無目的地查閱所有的索引。

四、口述歷史資料的保存和傳播

　　口述歷史資料的保存是口述歷史專案的一個重要環節，因爲專案的目的不是單純地爲操作而操作，更主要的是爲將來的研究者提供資料和借鑒。在實踐過程中，多數研究者習慣於使用口述歷史抄本，而不願花很多時間去聽一遍錄音帶。在美國，早期很多口述歷史研究機構就不願意保存錄音帶，等到錄音帶轉錄完成後，便把它磨掉，即使是當時的檔案館或者圖書館也不喜歡收藏錄音帶，而更傾向於口述歷史抄本。因爲，這裏涉及到錄音帶的保存和維護，需要花費很大的人力和物力。

　　在專案完成之後，專案的負責人有義務將口述歷史以各種各樣的形式反饋給受訪者、受訪團體乃至整個社會。因爲，口述歷史本身是一種來自社會並回到社會的歷史。反饋的方式有很多種，除了傳統的以書或者報刊的形式出版口述歷史訪談，將口述歷史抄本、錄音帶捐贈給當地圖書館或者檔案館，同時也可以充分利用現代科學技術的發展，尤其是資訊交通技

術的優勢來推動口述歷史的傳播，比如廣播電臺、電影電視、展示會、舞臺、互聯網等等，即如何最大程度地促進口述歷史的公共化。

(一)保存的基本條件

錄音帶的保存工作是一項非常複雜的工作，它的工作方法隨著科學技術的發展不斷地更新，在檔案館收藏中就專門涉及聲音檔案的保存和管理問題。所以，這裏僅僅從一般的層面來分析如何才能更好地保存錄音帶。當然，口述歷史並不僅僅是透過錄音機來記錄，近年來很多專案對整個訪談都進行了攝影，因而錄影帶的保存問題更加複雜，這裏也不再涉及。至於這方面的問題，可以參閱相關的著作[44]。

錄音帶不像紙類檔案那樣有比較長的保存時間，即使很長的時間裏紙類檔案不加保養，也不會造成很大的影響，但是，作爲聲音檔案的錄音帶則必須隨時保養。長久未經使用的錄音帶，最容易產生透印（print-through）和疊音（voice-over）現象，使得錄音帶在播放時產生回音。當然，錄音帶的品質、保存方式以及保存環境都最終影響到錄音帶的播放效果。爲了最大限度地延長錄音帶的壽命，我們必須把錄音帶

保存在最佳的環境中，同時也得兼顧其他方面：

1.在準備訪談時，就得採用品質優良的錄音帶和
　外置麥克風，同時，在訪談過程中，盡量減少
　訪談的「背景聲音」。

2.在轉錄之前，先利用母帶拷貝一份子帶做轉錄
　之用。因為，轉錄過程中的來回倒帶嚴重影響
　錄音帶的聲音效果。如果專案的經費許可的
　話，最好是把盒式錄音帶拷貝成卷式錄音帶
　（reel-to-reel cassette），這種錄音帶的有效保存
　時間更長，而且不易損壞。

3.錄音帶要放置在遠離那些容易產生磁場的地
　方。因為，磁性錄音帶表面敷有數以百萬計的
　小磁粒，這些磁粒因為具有很強的磁性而極容
　易受到熱度、濕度、磁場、輻射和外來壓力的
　影響。因此，不要讓磁性錄音帶暴露在磁場下，
　比如動力線、馬達、發動機和變壓器，而保存
　在絕緣的架子上或者匣子裏。

4.錄音帶的放置地點要保持熱度和濕度的相對平
　衡。在這點上，很多專家都指出：「『恒量』是
　保存錄音帶的關鍵字眼。檔案館必須避免熱度

和濕度的大幅波動。因為，在不同的溫度下，
空氣的含濕量也會發生變化，從而影響錄音
帶。錄音帶上的磁粒吸入濕氣後，錄音帶就會
失掉磁性強度而招致破壞。」[45]

5.不要讓錄音帶接觸灰塵，因為錄音帶在播放
時，灰塵會產生干擾。

6.每隔一年或者兩年倒一次帶。這樣可以避免因
為長久未經使用而產生的透印和疊音現象。由
於這項工作相當費時，不是所有的口述歷史收
藏機構都能做到。

7.如果條件允許的話，有必要把母帶和子帶分開
保存，以確保在發生諸如火災、水災等意外事
故後，不至於全部損失。

(二)口述歷史與圖書館、檔案館

口述歷史作為傳統歷史文獻的一種補充，已經開
始被學術界所接受，即使有很多人仍然懷疑它的存在
價值。反映在圖書館和檔案館的館藏結構上，在全球，
口述歷史已經逐漸成為現代檔案館和圖書館館藏的重
要部分。美國國家檔案與文件署(National Archives and
Records Administration) 就組織過很多口述歷史專案，

而英國國家圖書館（British National Library）在館內就設有口述歷史部。除此之外，很多地方性和大學的檔案館和圖書館也紛紛加強口述歷史的搜集工作。

其實，口述史學在美國的廣泛開展，在某種程度上，得益於檔案館管理員和圖書館管理員的積極推動和努力。在一九七○年代之前，美國大多數口述歷史專案是由檔案館或者圖書館主持的，比如哥倫比亞大學口述歷史研究室就設置在哥倫比亞大學巴特勒圖書館（Butler Library），加州柏克萊大學的地方口述歷史辦公室是由柏克萊大學的班克羅夫特圖書館（Bancroft Library）主持的。因而，在很長的一段時間內，口述歷史實際上是作為一種檔案實踐而活躍於學術界。往往從事口述史學研究的工作者不是單純的歷史學家，更多的是檔案館管理員或圖書館管理員。

當然，這種情況的出現，也跟當時的學術氣氛有很大的關係，也就是因為口述史學在發展初期，為了回應實證主義者和社會科學家的極力挑戰，很多口述歷史學家就片面地去證明口述歷史的客觀性。因而，歷史學家的職責與檔案館管理員或圖書館管理員的工作相當接近。這種類型的口述歷史學家認為，理想的口述歷史訪談只是從中挖掘出客觀的關於受訪者的敘

述。杜魯門總統圖書館前任主任菲利普‧布魯克斯
（Philip Brooks）描述純正的口述歷史學家就是：「搜
集一些證據以供任何研究者使用，就像我們檔案館管
理員的工作一樣。」[46]

　　早期口述史學的這種情況，使得口述史學在美國
的發展有相當的市場。美國口述歷史學家認為口述歷
史不是個別研究者的專權，而應該成為所有研究者的
共用資源。正如格里所說的：「因為一種集體責任感，
使我們認為這些記錄是要供給大眾使用的，而並非私
人文件，或者是屬於哪些特定中心的。」[47]

　　在美國，口述歷史與圖書館和檔案館聯繫最為密
切的，是美國國家檔案與文件署所屬的總統圖書館。
總統圖書館之所以籌劃口述歷史專案，搜集各種類型
的與總統相關的口述資料，並不是在歌頌總統、第一
夫人和他們的家庭，而是透過口述歷史訪談保存那些
即將消逝的資訊，以補充文字記錄。總統圖書館口述
歷史專案的訪談對象主要是總統政府內閣成員、他的
家庭成員、政敵以及各國政治要人等等。儘管這個專
案費用高昂，但到目前為止，它仍然是唯一的由聯邦
政府倡辦的一項口述歷史研究計畫，足見其在美國的
重要地位。

綜上所述，美國早期的圖書館和檔案館在推動口述史學的發展上，做出了巨大的貢獻，也正是由於它們所取得的積極成果，使口述史學成爲一門相當有影響的歷史學分支學科。不管現在的圖書館或者檔案館在開展口述歷史專案上遇到多大的困難，但它們總是能夠以新的思維去應付這些來自外界的挑戰。隨著科技化進程的加深，圖書館和檔案館在應用口述歷史收藏方面，不斷地更新和開拓新的空間，將會贏得越來越多的觀眾和讀者[48]。

(三)口述歷史出版

口述歷史出版是口述歷史走向公共化的途徑之一，實踐證明這種方法是最有效的。以口述歷史爲基礎的出版物，往往是市場上的暢銷書，比如特克爾的《街道分界線——來自一個美國城市的報導》、《艱難時代——經濟大危機口述史》、《工作》和《美國夢尋》，這些著作都屬當時的暢銷書，直到今天仍有很多讀者。

除了以書的形式出版外，還可以透過各種各樣的報紙和雜誌連載，比如臺灣《傳記文學》從一九六二年創刊起，就大量地連載以口述訪談爲基礎的回憶錄。當然，條件允許的話，可以以 CD-ROM 的形式發

行，由於 CD 保存的資料比較多，而且現在一張 CD
的價格也不是很高，所以這將成爲未來口述歷史出版
的重要形式。哥倫比亞大學口述歷史研究室在一九九
八年就以 CD 的形式，出版過一套口述歷史──《來
自於收藏的故事》[49]。

　　不管以何種形式出版，關鍵的問題是如何編纂。
是以訪談（一問一答）的形式，還是以糅合（即以第
一人稱或者第三人稱來敘述）的形式，來組織出版物
的結構；是單純地列出訪談的抄本，還是應該加入研
究者的個人詮釋。這些問題一直以來是口述歷史學界
爭論的焦點。因爲，出版物的編撰或者說結構如何，
直接反映了口述歷史學家對口述歷史的定義、性質和
特點的不同理解。

　　總結起來，口述歷史的編撰主要有兩種形式。一
種是以特克爾爲代表，他們主張口述歷史在出版時，
應該刪除訪談者的問題，而讓受訪者成爲口述歷史活
動的主角。他們還認爲，應該以適當的形式重新組合
受訪者的敘述。上述提到的特克爾的幾本暢銷書，全
部是以這種形式出版的。筆者曾經讀過一些，由於作
者在編撰時，刪去了關於訪談的背景乃至訪談者的問
題，從而導致讀者很難迅速地把握訪談的主要內容，

有的時候，必須在閱讀完之後，才知道說什麼。由於特克爾的這種作法，令一部分受訪者非常反感，有的抱怨特克爾「把他自己的想法強加於我的話上，就成了他書裏的這種版本」；另外有人認為「自己的敘述被重新組合成這樣，就連自己也看不懂」[50]。

　　另一種以里奇為代表，他們認為在出版時，應把訪談者的問題和受訪者的敘述一併收入，當然，他們也同意在不影響原意的前提下，可以把無關緊要的部分刪除。因為，口述歷史是訪談者和受訪者雙方合作的產物，也就是說受訪者的敘述可能來源於訪談者的提問，很顯然，如果把提問刪去，則很難明白受訪者為什麼會如此敘述，不知道訪談背景的人還以為在發牢騷。里奇明確表示：「如果盡可能地把抄本中的訪談問題納入，口述歷史學家不僅能展示問題所引發的受訪者的回答，同時也能看出哪些是受訪者不願意透露的資訊，哪些是受訪者受到訪談者的哄勸才揭露的私人的和尷尬的資訊。沒有了問題，口述歷史的基本對話也就消失了。這很容易造成一種錯覺，讓人覺得只是受訪者在大發議論，實際上只不過是在回應訪談者的詢問而已。」[51]

　　主張把訪談者的問題和受訪者的敘述一併收

入，並不排除在編撰出版時加入研究者自己的個人詮釋。這是由口述歷史的性質決定的，因爲，在口述史學研究過程中，作爲訪談者的研究者一直扮演著相當重要的角色。比如，訪問誰，訪問多少人，誰是主要的訪談對象，問什麼問題，怎樣提問等等，這些都是由研究者決定的。正因爲這樣，受訪者的敘述儘管不一定全然按照訪談者的提問來敘述，可是他敘述的方式、回答的方向以及表述的價值取向，不可避免地受到訪談者的影響。所以說，在口述歷史整理和編輯之前，口述歷史已經融入了研究者的個人詮釋，在轉錄、整理乃至出版的過程中，無不滲透著研究者的思想痕跡。就正如弗里斯科所說的：「歷史學家所做的──解釋證據、權衡輕重、檢查考證和聯結人事因果──仍然是相當重要的。」[52]

　　因而，筆者認爲在編撰口述歷史出版時，最理想的選擇是將受訪者的敘述和訪談者的問題一併收入，而且在盡量不影響受訪者敘述原意的前提下，可以適當地按照出版物主題的需要加以研究者自己的詮釋。當然，爲了兼顧受訪者的利益和名譽，在加入自己的解釋之前不妨與受訪者交流一下，盡量取得他們的同意。

（四）口述歷史與廣播電臺

　　杜納威認爲無線電廣播與口述歷史都牽涉人類語言的記錄，因此，口述歷史「是爲廣播量身製作的」[53]。可是，在現實生活中，廣播電臺節目製作人卻對口述歷史的興趣不是很高。爲了理解口述歷史和廣播電臺的關係，我們必須充分地探討這兩者結合的優勢和缺點。

　　其實，口述歷史與廣播電臺的結合由來已久，很多歷史學家都注意到諸如廣播電臺等媒體在連接過去和現實之間的重要性。在歐洲和加拿大，口述歷史和廣播電臺的結合是相當盛行的。英國廣播公司（BBC）每周都有六十多個以口述資料爲來源的廣播節目，電影科學基金會（Foundation of Film Science）也積極地應用口述歷史，訪談製作廣播節目[54]。

　　在加拿大，對口述歷史最感興趣的廣播公司是加拿大廣播公司（Canadian Broadcasting Corporation, CBC）。一九六〇年代初期，劍橋著名的劇作家和廣播製作者埃姆貝特・奧查德（Imbert Orchard），就爲加拿大廣播公司做了一千多次探訪，從中選出一些，製作了兩百多個廣播節目[55]。在他的著作中，關於歷史

採訪的廣播用途，奧查德已經有了非常詳細的分析；
他稱它爲「聽覺的歷史」（aural history），就是指聲音
的歷史記錄[56]。加拿大廣播公司（CBC）的其他機構
已經使得 CBC 成爲歷史廣播用途的世界中心，特別是
在多倫多的加拿大廣播公司檔案館（Canadian
Broadcasting Corporation Archives）與不列顛哥倫比亞
省檔案館聲音和動畫部（The Sound and Moving Image
Division of the British Columbia's Provincial Archives）
[57]。

　　在一九七〇年代的美國，國家人文基金會科學基
金會和一些地方團體也資助了類似的基於口述歷史的
廣播系列專案[58]。

　　口述歷史與廣播電臺結合的優勢是雙方的，也就
是相對於口述歷史來說，廣播電臺爲口述歷史的傳播
提供了良好的介質。首先是廣播電臺網絡的覆蓋面相
當廣，從大城市到農村，從學校到一般公共場所，即
使在一些落後的國家和地區也是如此。其次，廣播的
便利性，也就是說，它接收的資訊是聲音效果，而不
是視頻資訊。因而，人們可以在工作的時候收聽，而
且不限地點，可以在花園、廚房、車上等等。第三，
廣播節目的製作比其他傳播媒體更爲經濟。反之，專

業的電影和電視記錄片的製作成本大約是廣播節目製
作成本的八倍[59]。這使得廣播非常適合那些缺乏資助
的專案。它不需要像製作電視或電影記錄片那樣，購
買大量高昂的設備，而製作廣播節目僅僅使用口述歷
史學家可能擁有的設備，比如麥克風、錄音機、電腦
等等。當然，對於優秀的廣播節目來說，自然需要更
多和更好的設備，但是，這與製作電視和電影記錄片
仍然是無法比擬的。

　　同樣，作為口述歷史對於促進廣播節目的收聽
率，擴大廣播電臺的影響，也是非常有幫助的。由於
口述歷史的特殊性，它在廣播節目材料的來源上，可
以彌補多方的不足。由於大型廣播電臺的總部一般在
大城市，在某種程度上，節目的素材也多數局限於大
城市的生活和工作等各方面。如何才能將來自偏僻地
區的廣大人們的心聲透過廣播，從而架起不同地區人
們之間聯繫和交流的橋梁。比如，阿拉巴馬大學
（University of Alabama）曾經資助一項關於阿拉巴馬
黑人的口述歷史專案，這些黑人有的是礦工、佃農、
工會成員、傭人，還有許多是教師、牧師、律師和小
商人。專案的目標是阿拉巴馬州的伯明罕，在一九二
〇年代，這個城市是全美黑人人口聚居最多的地區。

最後，這個專案創作出十二次半小時的廣播節目，題目爲「勞動生涯」（working lives），並在國家公共電臺（National Public Radio, NPR）連續播放[60]。很有可能這種素材是一般的廣播節目製作人所無法搜集到的。作爲口述歷史學家和廣播節目製作人，由於他們的工作目標和所受的教育不同，從而造成面對同一個對象時，他們的著眼點和取向都是不一樣的。也正是由於此，他們在通往同一個目標的過程中可以互相合作。

　　不過遺憾的是，廣播節目製作人卻不是很願意使用口述歷史，當然，其背後的原因是複雜的。簡而言之，可以歸結爲兩點：法律問題和口述歷史錄音品質問題。因爲，口述歷史訪談過程中涉及到很多不能公開的資訊，因而必須獲得受訪者的許可。很顯然，廣播節目製作人也不願意涉入這種複雜的法律授權爭取之中，如果可以的話，他們寧願自己組織訪談，這對他們來說是輕而易舉的，因爲，他們擁有一套相當完備的設備和受過專業新聞採訪訓練的專業人員。

　　而口述歷史錄音的品質問題是廣播節目製作人懷疑口述歷史價值的主要考慮。作爲記者而非歷史學家，電臺節目製作人往往在緊迫的最後期限，緊縮的財政預算下工作，他們不願意花時間回憶長長的口述

檔案史料。同時他們認為檔案史料聲音效果不好，不易播放。他們相信自己親自去訪問，借助電臺的設備去詢問與專案相關的問題是更簡便的方法，只要受訪者還健在的話[61]。

　　為了擴大口述歷史的用途，口述歷史學家應該盡量滿足廣播節目製作人的需要，比如提高口述歷史訪談錄音的品質、協調好受訪者與口述歷史的所有權關係。當然，並非所有的口述歷史都適合製作成廣播節目，也並不刻意要求口述歷史學家必須按照廣播節目製作人的需要行事，這樣很可能導致逐本求末。

（五）口述歷史與現代技術[62]

　　現代技術與口述歷史嫁接所帶來的益處是全方位的。

　　第一，錄音帶轉錄和整理的時間不斷減少。以前的磁帶轉錄需要經過幾次反覆的列印和校對才能完成，文字處理機的問世使得這些工作在很短的時間內完成。

　　第二，電腦解決了口述檔案的編目和索引等方面的問題。

　　第三，互聯網路的出現為口述歷史的傳播提供了

無界限的空間。經過文字處理機整理和受訪者檢查的
抄本可以直接掃描到電腦中，並上傳到互聯網上。在
美國，很多口述歷史研究機構都將其訪談的整個口述
歷史抄本上傳到互聯網上，同時，它們都提供查詢功
能，只要你輸入任一關鍵字，就會顯示出與關鍵字相
關的資訊。

　　第四，使圖書館和博物館展現一種全新的形象。
傳統的博物館總是陳列著物品並標以相關的文字資
料，這種形式讓觀眾感到厭惡。如何形象地、輕鬆地
讓觀眾參觀博物館就顯得非常重要，尤其對小孩來
說。比如，甘迺迪總統圖書館就將它們的口述歷史抄
本運用在遺產房間（Legacy Room）中的博物館展覽，
觀眾只需按一下電腦螢幕，便出現你所要瀏覽的資
訊。這種展覽被證明在吸引觀眾方面是非常有效的，
特別是對一些年輕人。

五、法律和道德考量

　　儘管近年來口述史學獲得迅速發展，幸運的是很
少有直接涉及口述歷史或口述歷史學家的訴訟案件。

但是，這並不代表口述史學領域裏不會發生相關的法律糾紛和道德尷尬，正如三十多年前一個律師在美國口述歷史協會第四屆年會上所說的，「像其他行業一樣，這個行業也隱藏著造成現實和潛在的傷害以及冤枉別人的可能，因此這些也總是可能導致訴訟」[63]。

從具體的口述史學實踐中來看，很多口述歷史專案和口述歷學史家從一開始出於經費考慮，並沒有想到在啓動專案前向法律工作人員諮詢相關法律問題，甚至根本沒有意識到口述史學還能遇到什麼法律問題。

而里加猶太人聚居區倖存者學會（Society of Survivors of Riga Ghetto, Inc.）與亨利‧哈特恩巴赫博士（Dr. Henry R. Huttenbach）之間的訴訟案，成爲口述史學法律問題最終在法院解決的著名個案。因爲這個案件直接涉及到口述史學問題，這裏希望透過對這個案件的介紹與分析，以讓口述史學實踐者能夠從中吸取經驗教訓。

這個案件起始於里加猶太人聚居區倖存者學會領導與紐約城市大學（City University of New York）教授哈特恩巴赫博士之間的契約性爭論[64]。一九七〇年代晚期，該學會雇傭哈特恩巴赫博士——一位公認的

大屠殺研究專家搜集和撰寫里加猶太人聚居區歷史，他採訪了一百多位大屠殺倖存者並且搜集了部分文字材料和紀念品。一九八二年雙方就他們的第一部著作——《里加的大屠殺：里加猶太人聚居區歷史》，簽署了第一份書面協定，該協定規定除了哈特恩巴赫博士獲得金錢報酬之外，他還被列爲作者身分，並且擁有對所有檔案材料的唯一使用權，直到所有的手稿完成。另外，協定明確規定將訪談和手稿的著作權授權給學會。一九八五年初，學會的領導人對哈特恩巴赫博士試圖對倖存者之間的不同敘述進行協調的作法，表示不同意。學會領導人還反對哈特恩巴赫博士發表在《奧斯威辛聲音》（ *The Voice of Auschwitz* ）雜誌上的評論論文。哈特恩巴赫宣稱這篇論文僅僅是它即將出版的著作的提前告示，但是學會領導人認爲它是未經授權的出版物。隨著雙方關係的惡化，學會試圖將哈特恩巴赫的名字從整個手稿中除去。作爲這件事件的結果是，學會以哈特恩巴赫博士違背協定爲由，於一九八六年向法院起訴。學會堅持要求收回哈特恩巴赫博士對於所有磁帶與紀念品的所有權，並要求賠償十萬美元的損失費。同樣，哈特恩巴赫也以學會破壞協定爲由做出反訴，並且要求金錢賠償。

在紐約郡最高法院（Supreme Court, New York County）做出審判之前，法院聲稱最初協定中關於著作權分配是合法的。雖然學會作為著作權所有者，但是學會沒有權利對手稿做出大規模修改，而且必須仍然以哈特恩巴赫的名義出版。最後，雙方暫時達成妥協，在沒有對方的書面許可的前提下，雙方都可以出版由哈特恩巴赫搜集的手稿的任何部分，或者使用訪談或材料的任何部分。雙方可以各自保留所有的材料，學會被要求根據最初協定的規定向哈特恩巴赫支付報酬[65]。

從這個案件中我們獲得了什麼法律啟示呢？首先，令口述史學實踐者安心的是，法院毫無疑問地承認了口述歷史的著作權資格。其次，透過法院對雙方簽署的書面協定的有效性的認可，說明了口述史學過程中訪談者、受訪者與贊助機構之間簽署各種各樣的協定的必要性。第三，口述歷史的著作權所有權與合理使用權問題是口述史學中最為複雜的法律問題，即使有著完善的協定制度，也並不排除最終訴諸法院解決糾紛的可能，所以對於口述史學實踐者來說，應該樹立應有的口述史學法律意識。

口述史學法律問題除了上述個案引出的著作權

（copyright）問題之外，還涉及到誹謗（defamation）和隱私權侵犯（invasion of the right to privacy）等問題。當然，很多時候，法律問題同時也是一個道德問題[66]。具體到口述史學中，其涉及的道德問題包括訪談者對受訪者的責任，訪談者對公眾、贊助機構與專業本身的責任，以及贊助機構和檔案保存機構應盡的責任。

（一）法律問題

■著作權

著作權是文學、藝術和科學作品的作者因文學、藝術和科學創作，而依法享有的對自己的作品佔有、使用和處分的專有民事權利。口述歷史作為一種歷史事件的當事人或目擊者的回憶而保存的口述憑證，它產生於口述歷史的訪談者與受訪者之間的互動關係，其中凝結了雙方的原創性創作。因為口述歷史不是一般的訪談，它是經過雙方精心準備的關於某一維度歷史的原創性記錄。按照著作權法的精神，應該依法享有著作權資格（copyrightability）。儘管根據著作權法中規定的作品形式沒有「口述歷史」這一項。但是，口述歷史的呈現方式卻是多種多樣的，因為它可以轉

換爲文字作品，也可以是錄音和錄影作品（需要指出的是，它又不是著作權法意義上的錄音錄影作品）。從紐約郡最高法院對里加猶太人聚居區倖存者學會與哈特恩巴赫博士案的審判來看，其前提顯然是以認可口述歷史的著作權資格爲基礎的。

口述歷史著作權中的相關問題，主要包括口述歷史著作權的所有權、著作權許可使用與轉讓、著作權侵犯行爲與法律責任，以及法律授權書（包括著作權許可使用合同、轉讓合同與贈與合同）等等，由於不同國家和地區的著作權法規定的差異，這裏不再做深入的分析。

■誹謗

口述歷史雖然是訪談者與受訪者之間的互動交際過程，但是它必然涉及到第三者，尤其是對第三者的誹謗性評價，當這種評價一旦公開，被第三者本人或其後代子孫看到，免不了要遭到他們的抗議，嚴重的話甚至可能導致受害者向法院起訴。那麼這時候應該由誰承擔責任呢？訪談者、受訪者、專案的負責人還是保存該口述歷史的檔案館或博物館？而在這個過程中，作爲口述歷史的主要策劃者訪談者是忠實地記

錄受訪者的口述，還是爲維護第三者的個人權益而將其刪除，這似乎是訪談者的尷尬之處。上述問題應該如何處理，作爲專案的負責人應該如何對待訪談中出現的不利於第三者的某些評價，尤其是涉及到個人名譽的誹謗性話語？

　　臺灣中研院近代史研究所就曾發生兩起口述歷史中因涉及第三者不利評價的事件，一次是《口述歷史》第三期，其中某報導人在陳述第三者時用閩南語說「講話膨風膨風」，然後訪談者在記錄時用國語表示寫成「講話有點誇張」，被第三者的後代看到，認爲侮辱「先父」，受訪者卻認爲他父親就是如此，他沒有故意侮辱；訪談者個人也極力向家屬勸說，一直到今天家屬還未能接受。另一本出問題的著作是《溫哈熊先生訪問記錄》，近史所因有前車之鑒，對溫氏所說有關政治任務及其夫人臧否的記錄特別小心處理，並提醒溫氏如實刊出會有何等後果。溫氏表示他所言俱係真實，若因而生出問題他願負責，此書一出版立刻招致對方的反彈，對近史所形成壓力，溫氏如前承諾，出面處理此問題。後來近史所以刊出該政治人物的來函，才結束此一風波[67]。

　　目前口述史學界對於這些涉及個人的敏感評

價，一般採取的原則是「如果沒有確實根據，而且那些評價關係不大的話，那就可以省略」。如果，那些評價確實很重要，而且受訪者執意要求不能刪除，一般可以採取匿名等隱蔽被評價人個人身分的方式，唯有如此才可能避免來自受害人的不必要抗議。當然，如果涉及到重要的政治問題及個人安全等問題時，則有必要專門簽署一張關於封存訪談的書面協定，直到環境允許才可公開。這麼做的目的，一方面是為了保護受訪者的個人利益，另一方面也是為訪談者或專案負責人免去官司的糾纏。

　　雖然，目前口述史學界還沒有出現涉及誹謗的判例，但是口述歷史卻是出現誹謗行為的沃土。因為口述歷史除了敘述一般的歷史事件和人物之外，更多的是涉及對他們的主觀評價，而主觀評價卻滲透著極強的個人好惡，可能出於性別、黨派、信仰、政見、種族等因素的差異，而造成故意或過失性誹謗。從現行的個別口述歷史中，尤其是在政治性口述歷史訪談中，口述歷史名副其實地成為一種政治工具，它不斷地被用來攻擊政敵與宣揚個人政績。所以，作為訪談者與專案負責人，一定要注意受訪者敘述時的語氣與涉及的誹謗性內容，美國著名誹謗法專家布魯斯・桑

福德（Bruce Sanford）教授總結了一系列「危險信號詞語」，意在說明不適當地使用這些語言則很有可能導致誹謗行爲（詳見下頁桑福德危險信號詞語表）。

■隱私權侵犯

所謂隱私，是指個人的與社會公共生活無關而不願被他人所知或干涉的私人事項。其內容包括三個方面：個人資訊的保密、個人生活的不受干擾，與個人私事決定的自由[69]。而對於什麼是隱私權也沒有統一的定義。一般來說，隱私權是指公民個人和死者所享有的個人資訊不被非法獲悉和公開、個人生活不受外界非法侵擾、個人私事的決定不受非法干涉的一種獨立的人格權[70]。

《美國法律整編侵權行爲法》將隱私權侵犯的情形列爲四種：(1)不合理地侵入他人之隱秘；(2)他人之姓名或肖像之竊用；(3)不合理地公開他人之私生活；(4)使他人有不實形象之公開[71]。而具體到口述歷史中，其中第三種情況是口述歷史中經常發生的隱私權侵犯行爲。因爲口述歷史訪談中的受訪者一般都是某些事件的親歷者與目擊者，一般來說比較瞭解與這些事件相關的個人的各種事項，尤其是某些不願被人獲悉的私生活，所以極有可能造成對第三者隱私權的侵犯。而另外一種情況是訪談者或者專案負責人在公開

桑福德危險信號詞語[68]

addict 沉溺，上癮	ex-convict 從前曾被判刑的人
adulteration of products 層假貨	fawning sycophant 奉承者
adultery 通姦	fraud 欺騙，騙子
alcoholic 酗酒者	gambling den 賭屋
altered records 被竄改的記錄	gangster 歹徒
atheist 無神論者	gay 同性戀者
bad moral character 品質敗壞	graft 瀆職，貪污
bankrupt 破產	groveling office seeker 卑躬屈節的謀求官職者
bigamist 重婚者	herpes 皰疹
blacklisted 列於黑名單	hit-man 職業殺手
blackmail 勒索	hypocrite 偽君子
booze-hound 暴飲者	illicit relation 不正當關係
bribery 行賄，受賄	incompetent 無能力者
brothel 妓院	infidelity 不忠
buys votes 賄選，購買選票	informer 密告者
cheats 欺騙	inside trading 私下交易
child abuse 虐待兒童	intemperate 放縱的
collusion 勾結	intimate 親密的，私通的
con artist 騙子藝術家	intolerance 缺乏耐性，不容異說
confidence man 騙子	Jekyll-Hyde personality 雙重人格
corruption 腐敗，貪污	kept woman 靠男人養活的姘婦
coward 懦弱的人	
crook 騙子	Ku Klux Klan 三 K 黨
deadbeat 遊手好閒者	Mafia 黑手黨
defaulter 不履行者	mental illness 精神病
divorced 離婚的	mobster 歹徒
double-crosser 叛變者	moral delinquency 道德不良
drug abuser 吸毒成癮者	mouthpiece 代言人
drunkard 酒鬼	

Nazi 納粹黨的	sneaky 卑鄙的
paramour 情婦	sold influence 賣弄權勢
peeping Tom 好偷窺者	sold out 背叛
perjurer 偽證者	spy 間諜
plagiarist 剽竊者	stool pigeon 密探，眼線
pockets public funds 私吞公共基金	stuffed the ballot box 投入大量假選票
profiteering 牟取暴利的	suicide 自殺
prostitute 妓女	swindle 詐騙
scam 詭計，陰謀	thief 小偷
scandalmonger 專事誹謗的人	unethical 不道德的
	unmarried mother 單身母親
scoundrel 無賴，惡棍	unprofessional 外行的
seducer 騙子	unsound mind 思想不健全
sharp dealing 不正當交易	unworthy of credit 不值得信賴
shyster 奸詐之徒	
slacker 懶鬼	vice den 罪惡源泉
smooth and tricky 圓滑	villain 惡棍
smuggler 走私犯	

口述歷史時，透露了受訪者個人隱私，隨著口述歷史的跨學科發展，它日益進入某些敏感的領域，比如在女性口述歷史中，即使受訪者能夠讓訪談者知道她的個人隱私，但是她卻不願讓訪談者之外的更多人知道。如何防止不合理地公開他人之私生活，目前口述歷史學界比較流行的作法是：隱去涉及私生活的當事人的身分特徵，使口述不具有特定指向。

　　口述歷史中發生隱私權侵犯的另外一種情況，是

未經受訪者同意而暗中錄音。這種情況在那些受訪者
堅決主張不能錄音而訪談者不甘心不錄音的對峙中最
有可能發生，受訪者堅決主張不錄音，可能考慮到訪
談會給他本人帶來麻煩甚至是人身安全問題，因為有
些口述歷史訪談主題涉及到國家機密等高度敏感問
題。當然，在實踐中訪談者出於其職業道德，一般會
就是否錄音協商一致。在美國，自從水門事件以後，
人們對這種問題更加警惕，即使口述歷史學家也不敢
輕易觸犯。

■總結

　　以上從著作權、誹謗與隱私權侵犯等方面，為口
述歷史的實踐者提供避免法律問題的參考性意見。限
於筆者專業，其中對上述問題的論述只能求教於專
家，對於他們的觀點多有引用。但是，我必須強調的
是：上述論述並不是為口述歷史實踐者提供什麼解決
口述歷史法律糾紛的訴訟指南，它只不過是些預防性
建議，希望口述歷史實踐者能夠提高法律意識，以避
免不必要的官司糾纏。正如約翰・紐恩斯科范德（John
A. Neuenschwander）在《口述歷史與法律》一書中所
說的，「預防性法律總不如訴訟來得費時與昂貴」[72]。

（二）道德問題

　　法律與道德問題經常是糾纏在一起的，有些不是很嚴重的不構成犯法的行為，也許就是行為人的道德問題。然而，道德問題卻比法律問題更難解決，因為它缺乏有效的法律監督和規制，它的解決主要依賴於行為人對其職業精神的遵守、個人良心的考量，以及行為正確與錯誤的判斷。

　　綜觀口述歷史形成與傳播的整個過程，我們可以發現它涉及多方面的關係，包括訪談者與受訪者、訪談者與公眾、訪談者與專業本身、訪談者與贊助機構，以及贊助機構和檔案保存機構與公眾的關係等等。在整個過程中，我們對於不同關係的處理，反映了其中所隱含的權利關係的不平等、目的與手段關係的分歧、信任與失信的反差等等深層次的問題。

　　當然，以下論及的道德問題主要是關於口述史學的職業道德問題，更為準確地說，應該是口述歷史實踐者在從事口述歷史過程中，應該具有的職業道德和價值觀問題。比如訪談者對受訪者應該負什麼責任？訪談者應該如何對待受訪者給予的信任？從事口述歷史研究人員應該具有怎樣的專業修養？訪談者應該如

何處理學術精神和與贊助機構的委託關係？贊助機構與檔案保存機構在公開口述歷史時，應該對受訪者、訪談者與公眾負什麼責任？關於這些問題，美國、英國、紐西蘭和澳大利亞的全國性口述歷史協會都對其做了探索，並以協會道德規範的形式予以規定。

■歷史學家的職業道德

歷史學家的職業道德即「史德」，對於「史德」的追問古今中外的歷史學家都沒有停止過。回顧中國史學史，我們可以發現，「史德」這一概念是由清代歷史學家章學誠在《文史通義》內篇五〈史德〉篇中提出來的，他在繼承唐朝歷史學家劉知幾的史家才、學、識「三長」說的基礎上，進一步提出：「能具史識者，必知名德；德者何？謂著書者之心術也……蓋欲為良者貴，當慎辨於天人之際，盡其天而不益以人也。盡其天下而不益以人，雖未能至，苟允知之，亦足以稱著者之心術矣。」由此可見，章學誠是把「史德」理解成史學家德與其職業相聯繫的一種內心道德品質，即史學家的「心術」。從這段話可以看出章學誠比較深入地探討了歷史書寫中主觀性與客觀性的關係。他所謂的「天」，用今天的話來說，就是歷史的客觀性；而

他講的「人」就是史學家的主觀性。所謂「盡其天而不益以人也」，就是說要充分尊重客觀歷史，而不要以史家的主觀好惡去影響這種歷史客觀性。需要指出的是，章學誠並不認為在歷史書寫中能夠完全擺脫歷史學家的主觀意識，即所謂「盡其天下而不益以人，雖未能至」，但只要史學家有這種自覺的認識並努力去做，那就稱得上具有良好的「著書者之心術」了[73]。

　　近代史學家梁啓超對史德的認識做了進一步的發揮，他說：「實齋所謂史德，乃是對於過去毫不偏私，善惡褒貶，務求公正」。「歷代史家對於心術端正一層，大都異常重視。這一點，吾人認為有相當的必要，但尚不足以盡史德的含義，我以為史家第一件道德，莫過於忠實，如何才算忠實？即『對於所敘述的史跡，純採客觀的態度，不絲毫參以自己意見』便是。」[74]顯然，在梁氏看來，歷史學家的「史德」就應該是「如實直書」，即「對於所敘述的史跡能採取客觀的態度，不絲毫參以自己意見」便成。但是，梁氏也認為完全做到客觀很難。他說：「忠實一語，說起來似易做起來實難，因為凡人都不免有他的主觀，盤據意識中甚深，不知不覺便發動起來，雖打主意力求忠實，但是心之所趨，筆之所動，很容易把信仰喪失了。完美的史德，

真不容易養成。」[75]儘管做到完全客觀很難，不過梁氏還是主張「史家道德，應如鑒空衡平，是什麼，照出來就是什麼；有多重，稱出來就有多重，把自己主觀意見劃除盡，把自己性格養成像鏡子和天平一樣」[76]。

上述對章學誠和梁啓超「史德」思想的分析，歸結爲一點，其實就是古今中外歷史學家一直追求的「求真」理念。美國歷史學家莫里遜就宣稱：「一個人如果沒有忠實於真理的天性、高度的思想誠實和一種平衡感，就不可能成爲偉大的或者只是優秀的歷史學家。」[77]

不過把「史德」單純地理解成「求真」精神則過於狹窄，因爲這種理解過於側重歷史學家的內心「史學職業」道德觀念。中國科學技術大學社會科學部的長弓和樂水在〈倫理學視野下的「史德」概觀〉一文中，給「史德」下了一個非常準確和全面的定義，值得參考。他們認爲，所謂「史德」就是從事史學職業的人們在一定的社會道德的指導下；在「史學職業」生活中形成的具有自身職業特點的行爲準則、規範的總和，以及他們共同的職業理想、職業習慣、職業心理傳統和行業輿論。在文中他們進一步剖析了「史德」

應該具有的要素[78]：(1)史學職業人員對社會應盡的責任；(2)史學職業人員對史學職業責任的自覺意識、道德信念和行爲道德評價標準；(3)史學職業人員從事史學職業應具有的尊重歷史、獨立思考、實事求是和堅持真理的精神；(4)尊重同行勞動成果，形成良好的行業交流與合作風氣；(5)應該正確地處理義利觀。

　　以下筆者將結合美國、英國、澳大利亞和紐西蘭等國家的全國性口述歷史協會制定的口述歷史道德實踐指南，分別從訪談者對於受訪者應盡的責任、訪談者對於公眾、贊助機構和專業本身應盡的責任，以及贊助機構與檔案保存機構應盡的責任三個方面，來歸納口述史學領域所涉及的道德問題，以供參考[79]。

■訪談者對於受訪者應盡的責任

1. 必須告知受訪者正在進行的口述歷史計畫的目的和程序，以及該計畫所要實現的特定目標與預期用途。

2. 必須告知受訪者口述歷史過程中的雙方權益，例如編輯、使用限制、著作權、優先使用權、版稅，以及口述歷史記錄的預期處置方式和各種傳播方式。

3.必須告知受訪者簽署法律授權書的必要性，以及各種法律授權書的擬定與填寫的具體細節。

4.必須告知受訪者口述歷史訪談中可能出現的危害第三者的情況，比如敘述的內容涉及誹謗與侵犯隱私權等可能。

5.訪談者必須特別注意訪談過程中受訪者情緒的變化，並且根據受訪者因年齡、性別、種族、民族、階級、宗教信仰、社會地位和政見等因素的差異，及時地調節訪談的節奏與方式。

6.訪談者必須尊重受訪者有權拒絕討論某些特定主題；有權對訪談中某些內容的使用加以限制，情況嚴重時，甚至採取匿名。而且，訪談者在正式訪談之前必須告知受訪者，他們是擁有這種權利的。

7.訪談者必須珍惜受訪者給予的信任，不能輕易將受訪者不願被第三者知道的資訊傳播出去，以維護雙方建立起來的和睦關係。

8.訪談者必須謹防向受訪者做出一些自己無法實現的承諾，比如：保證口述歷史訪談一定會出版；答應在將來訪談公開後，讓受訪者繼續持有使用權等等。

9.在訪談結束後，訪談者應該透過一定的方式向
　受訪者表示感謝；並且無償向受訪者贈送一份
　口述歷史抄本或以抄本爲基礎的任何出版
　物，以做紀念。

■**訪談者對於公眾、贊助機構與專業本身應盡的責任**

1.訪談者在從事口述歷史工作時，有責任維持最
　高的專業操作標準，具備熟練的訪談技巧和應
　變能力，並維護與口述史學相關的各類學科和
　專業的標準。

2.訪談者應與受訪者共同努力，誠實、客觀和完
　整地記錄具有保存和研究價值的資料。

3.爲了提高保存的口述歷史的使用價值，受訪者
　應該挑選那些對正在進行的計畫最有幫助的
　受訪者；爲了使訪談富有建設性，在正式訪談
　之前，訪談者應該認真參考與受訪者和背景資
　料相關的其他類型的資料，尤其是文獻資料。

4.爲擴大口述歷史的使用範圍，訪談者應該努力
　說服受訪者將訪談向公眾開放。爲保護口述歷
　史著作權所有者的利益，在向公眾開放時，應

該與保存機構或受贈機構做出必要的法律安排，以避免不必要的糾紛。

5.包括訪談者在內的任何使用和引用口述歷史的人，應該和使用其他史料一樣小心謹慎。使用者有責任維護口述歷史錄音的完整性，不能任意歪曲訪談的內容，或者不顧前後脈絡而任意摘用。

6.訪談者在接受贊助機構或委託機構的委託任務時，在堅持學術客觀性與公正性的基礎上，應該充分尊重贊助機構或委託機構的要求，尤其是必須履行雙方簽署的合作協定。

■贊助機構與檔案保存機構應盡的責任

1.贊助機構應基於專業能力和訪談技巧謹慎地挑選訪談者，為他們提供必要的專業訓練；並及時清楚地向訪談者說明計畫的目標與程序，以及訪談所必須遵守的法律與道德問題。

2.贊助機構在使用口述歷史做商業用途時，應尊重受訪者對某些訪談所設的限制條件，並根據雙方協定向訪談者和受訪者支付必要的經濟

報酬。

3.檔案保存機構在口述歷史的保存與維護上應保
持至高的專業和倫理標準。有必要對訪談進行
鑒別、編目和索引，並及時透過各種管道向公
眾發布該機構保存的口述歷史訪談資訊，以最
大限度地服務公眾。

4.檔案保存機構在利用口述歷史做公開展覽時，
應註明該口述歷史計畫的贊助機構，訪談者與
受訪者，以維護他們應有的署名權。

註　釋

[1]Charles T. Morrissey, "On Oral History Interviewing," in Robert Perks and Alistair Thomson eds., *The Oral History Reader*, Routledge: New York, 1998, pp.107-108.

[2]Donald A. Ritchie, *Doing Oral History*, Introduction and Acknowledgments, xi.

[3]彭衛，《穿越歷史的叢林》，北京，三聯書店，1997 年，第 4 頁。

[4]Enid Douglas, "Corporate History: Why," *The Public Historian*, Summer 1981, pp.75-80. 轉引自 Donald A. Ritchie, *Doing Oral History*, p.19.

[5] 關於這個專案的具體信息，請訪問網站，http://www. bbc.co.uk/bbcuk/。

[6]赫伯特·胡佛，《美國的口述史》。

[7]鍾少華，《進取集──鍾少華文存》，第 424 頁。

[8]Clifford Terry, "The Real Studs," *Chicago Tribune* 5, April 1992. 轉引自 Donald A. Ritchie, *Doing Oral History*, p.57.

[9]Donald A. Ritchie, *Doing Oral History*, p.62.

[10]龔鑒堯，《抽樣調查》，北京，經濟科學出版社，1985 年，第 10 頁。

[11]Paul Thompson, *The Voice of The Past: Oral History*, p.126.

[12]Cullom Davis, Kathryn Back, and Kay MacLean, *Oral History: From Tape to Type*, Chicago: American Library Association,

1977, p.11.

[13]Donald A. Ritchie, *Doing Oral History*, p.66.

[14]Sherna Gluck, "What's So Special About Women? Women's Oral History," in David K. Dunaway and Willa K. Baum eds., *Oral History: An Interdisciplinary Anthology*, p.224.

[15]Charles Morrissey, "The Two-Sentence Format as an Interviewing Technique in Oral History Fieldwork," *Oral History Review* 15, Spring 1987, pp.43-53. 轉引自 Donald A. Ritchie, *Doing Oral History*, p.67.

[16]Dale Treleven, "Oral History and Archival Community: Common Concerns About Documenting Twentieth Century Life," *International Journal of Oral History*, February 1989, p.53.

[17]*Oral History Interview Guidelines*, Department of Oral History, United States Holocaust Memorial Museum, 1998, p.49.

[18]Cullom Davis, Kathryn Back, and Kay MacLean, *Oral History: From Tape to Type*, p.17.

[19]Donald A. Ritchie, *Doing Oral History*, p.65.

[20]Alessandro Portelli, "'The Time of My Life': Functions of Time in Oral History," in Alessandro Portelli, *The Death of Luigi Trastulli and Other Stories: Form and Meaning of Oral History*, p.63.

[21]Valerie Yow Raleigh, *Recording Oral History: A Practical Guide For Social Scientists*, Sage Publication, Inc., 1994, p.76.

[22]Beth M. Robertson. *Oral History Handbook*, Oral History Association of Australia, South Australia Branch, 1997, pp.43-44.

[23]Raymond L. Gorden, *Interviewing: Strategy, Techniques, and Tactics*, Dorsey Press, 1987, p.188. 轉引自 Valerie Yow Raleigh, *Recording Oral History: A Practical Guide For Social Scientists*, p.62.

[24]Valerie Yow Raleigh, *Recording Oral History: A Practical Guide For Social Scientis*ts, p.77.

[25]Valerie Yow Raleigh, *Recording Oral History: A Practical Guide For Social Scientists*, p.78.

[26]Studs Terkel, *Talking to Myself: A Memoir of My Times*, Pantheon, 1977, pp.64-70. 轉引自 Donald A. Ritchie, *Doing Oral History*, p.69.

[27]James Spradley, *The Ethnographic Interview*, New York: Holt, Rinehart & Winston, 1979, p.79. 轉引自 Valerie Yow Raleigh, *Recording Oral History: A Practical Guide For Social Scientists*, p.60.

[28]Valerie Yow Raleigh, *Recording Oral History: A Practical Guide For Social Scientists*, p.61.

[29]Valerie Yow Raleigh, *Recording Oral History: A Practical Guide For Social Scientists*, p.64.

[30]James Spradley, *The Ethnographic Interview*, p.81. 轉引自 Valerie Yow Raleigh, *Recording Oral History: A Practical Guide For Social Scientists*, p.61.

[31]Donald A. Ritchie, *Doing Oral History*, p.76.

[32]Birdwhistell L. Ray, *Kinesics and Context: Essays on Body Motion Communication*, Philadelphia: University of Pennsylvania Press, 1970. 轉引自戴維‧波普諾，《社會學》（上冊），瀋陽，遼寧人民出版社，1988 年，第 209 頁。

[33]戴維‧波普諾，《社會學》（上冊），第 209 頁。

[34]Byron Lewis and Frank Pucelik, Magic Demystified: A Pragmatic Guide to Communication and Change, Metamorphous Press, Second Edition, 1984, p.121. 轉引自 Valerie Yow Raleigh, *Recording Oral History: A Practical Guide For Social Scientists*, p.63.

[35]關於口述歷史訪談中的性別因素，請參閱 Susan E. Chase and Colleen S. Bell, "Interpreting the Complexity of Women's Subjectivity," in Eva M. McMahan and Kim Lacy Rogers eds., *Interactive Oral History Interviewing*, Lawrence Erlbaum Associates, Publishers, 1994, pp.63-82. 關於口述歷史訪談中的種族和民族因素，請參閱 Arthur A. Hansen, "A Riot of Voice: Racial and Ethnic Variables in Interactive Oral History Interviewing," in Eva M. McMahan and Kim Lacy Rogers eds., *Interactive Oral History Interviewing*, pp.107-140.

[36]Alex Pang, "Oral History and the History of Science," *International Journal of Oral History*, November 1989, pp.270-285. 轉引自 Valerie Yow Raleigh, *Recording Oral History: A Practical Guide For Social Scientists*, p.130.

[37]Oral History Association, *Evaluation Guidelines*, Los Angeles:

Oral History Association.1992. p.2.轉引自 Donald A. Ritchie, *Doing Oral History*, p.75.

[38]關於照片在口述歷史訪談中的作用，請參閱 Judith Modell and Charlee Brodsky, "Envisioning Homestead: Using Photographs in Interviewing," in Eva M. McMahan and Kim Lacy Rogers eds., *Interactive Oral History Interviewing*, pp.141-162.

[39]Mary Jo Deering and Barbara Pomeroy, *Transcribing Without Tears: A Guide to Transcribing and Editing Oral History Interview*, Washington, D.C., 1976. p.41.

[40]Donald A. Ritchie, *Doing Oral History*. p.44.

[41]Cullom Davis, Kathryn Back, and Kay MacLean, *Oral History: From Tape to Type*, p.35.

[42]David K. Dunaway, "Transcription: Shadow and Reality," *Oral History Review* 12, 1984, p.116. 轉引自 Valerie Yow Raleigh, *Recording Oral History: A Practical Guide For Social Scientists*, p.227.

[43]Cullom Davis, Kathryn Back, and Kay MacLean, *Oral History: From Tape to Type*, p.35.

[44]美國檔案工作者協會編，《檔案工作的理論和方法》，北京，檔案出版社，1988 年；馮明主編，《科學技術檔案管理學》，北京，中國人民大學出版社，1987 年；張書才，《檔案工作實用手冊》，北京，高等教育出版社，1991 年。

[45]Donald A. Ritchie, *Doing Oral History*, pp.146-147.

[46]Donald A. Ritchie, *Doing Oral History*, pp.131-132.

[47]Donald A. Ritchie, *Doing Oral History*, p.131.

[48]有關美國總統圖書館的口述歷史收藏情況，請參閱楊祥
銀，〈美國總統圖書館的口述歷史收藏〉，《圖書館雜誌》，
2000 年第 8 期。

[49]Doug Boyd, "Stories from the Collection: Columbia
University Oral History Research Office," *Oral History
Review* 28, Summer/Fall 2001, pp.137-138. 感謝美國哥倫比
亞大學口述歷史研究室主任格里先生贈送我這套 CD。

[50]Charles T. Morrissey, "Oral History and Boundaries of
Fiction," *The Public Historian*, Spring1985, p.42.

[51]Donald A. Ritchie, *Doing Oral History*, p.103.

[52]Donald A. Ritchie, "An Interview with Michael Frisch,"
OHMAR Newsletter 11, Fall 1988, p.5.

[53]David K. Dunaway, "Radio and the Public Use of Oral
History," in David K. Dunaway and Willa K. Baum eds., *Oral
History: An Interdisciplinary Anthology*, p.307.

[54]Paul Thompson, *The Voice of The Past: Oral History*,
pp.12-14.

[55]轉引自 David K. Dunaway, "Radio and the Public Use of Oral
History," in David K. Dunaway and Willa K. Baum eds., *Oral
History: An Interdisciplinary Anthology*, p.308.

[56]關於「聽覺的歷史」，請參閱 Charles Hardy III, "Aural History
and the Digital Revolution," March 1997. Charles Hardy III 給
筆者的來稿。

[57]轉引自 David K. Dunaway, "Radio and the Public Use of Oral

History," in David K. Dunaway and Willa K. Baum eds., *Oral History: An Interdisciplinary Anthology*, p.308.

[58]具體詳細資訊，請參閱 Donald A. Ritchie, *Doing Oral History*, p.201.

[59]David K. Dunaway, "Radio and the Public Use of Oral History," in David K. Dunaway and Willa K. Baum eds., *Oral History: An Interdisciplinary Anthology*, p.336.

[60]"Black Workers' History Airing on Radio," *Oral History Association Newsletter* 19, Spring 1985, p.1. 轉引自 Donald A. Ritchie, *Doing Oral History*, p.201.

[61]David Lance, *An Archive Approach to Oral History*, Imperial War Museum and International Association of Sound Archives, 1978, p.53. 轉引自 Donald A. Ritchie, *Doing Oral History*, p.202.

[62]具體內容，請參閱 Alistair Thomson, "Fifty Years on: An International Perspective on Oral History," pp.592-594.

[63]Mason Welch, "A Lawyer Looks at Oral History," 轉引自 John A. Neuenschwander, *Oral History and the Law*, Revised Edition, Oral History Association, Pamphlet Series#1, 1993, p.1. 感謝紐恩斯科范德先生贈送此書。

[64]里加猶太人聚居區是由納粹於一九四一至一九四三年期間在拉脫維亞首都里加建立的。

[65]關於這個案件的詳細資訊，請參閱 John A. Neuenschwander, *Oral History and the Law*, pp.3-4.

[66]Valerie Yow Raleigh, *Recording Oral History: A Practical*

Guide for Social Scientists, p.84.

[67]許雪姬,〈近年來臺灣口述史的評估與反省〉,載臺灣行政院文化建設委員會中部辦公室和中央研究院近代史研究所編,《口述歷史進階研習營》,第 29 頁。

[68]轉引自 John A. Neuenschwander, *Oral History and the Law*, p.13. 其中中文由筆者翻譯。

[69]具體內容,請參閱王利明和楊立新主編,《人格權與新聞侵權》,北京,中國方正出版社,1995 年,第 415-421 頁。

[70]王利明和楊立新主編,《人格權與新聞侵權》,第 412 頁。

[71]司法院與政治大學法律研究所合譯,《美國法律整編侵權行為法》,司法周刊雜誌社,1986 年,第 543 頁。

[72]John A. Neuenschwander, *Oral History and the Law*, p.35.

[73]瞿林東,《中國史學史綱》,北京,北京出版社,1999 年,第 725 頁。關於章學誠「史德」思想的研究,請參閱陸安,〈試論章學誠的史德觀〉,《青島教育學院學報》,1997 年第 1 期。周文玖,〈論「史德」〉,《安徽教育學院學報》,2001 年第 1 期。

[74]梁啓超,《中國歷史研究法補編·史家的四長》。

[75]梁啓超,《中國歷史研究法補編·史家的四長》。

[76]宋傳銀,〈史德〉,載蔣大椿和陳啓能主編,《史學理論大辭典》,第 430-431 頁。

[77]莫里遜,〈一個歷史學家的信仰〉,載何新等譯,《美國歷史協會主席演說集（1949-1960）》,北京,商務印書館,1964 年,第 20 頁。

[78]長弓和樂水,〈倫理學視野下的「史德」概觀〉,《安徽史學》,

1996 年第 2 期，第 5-6 頁。

[79]臺灣中研院近代史研究所就「口述歷史訪問辦法」、「口述
　　訪問作業程序表」、「口述訪問委託書」和「口述歷史叢書、
　　叢刊轉載或翻譯同意書」做了相關規定，有利於口述史學
　　的職業化和正規化發展。詳細內容，請參閱臺灣行政院文
　　化建設委員會中部辦公室和中央研究院近代史研究所編，
　　《口述歷史進階研習營》，第 228-231 頁。

第三章　應用篇：
口述史學的跨學科思考

　　綜觀西方口述史學的發展歷程，我們可以發現在很長的一段時間裏，口述歷史僅僅作爲一種資料搜集的方法被運用，雖然在這一過程中，搜集的對象經歷了從精英人物（群體）到普通人物（群體）的變遷，但是卻很少深刻地探討「口述歷史作爲一種歷史呈現方式」的獨特性。從一九九〇年代初期開始（當然之前也有人關注），口述史學引起了其他學科的廣泛關注，包括人類學、民俗學、教育學、文學、新聞學、心理學、詮釋學、社會學、傳播學、法學、老年醫學、女性主義研究、少數民族研究、建築學等等在內的人文、社會與自然學科。

　　限於筆者專業，無法深刻地把握口述史學的跨學科問題，故只能透過簡單地介紹一些相關的研究成

果，以供讀者參考和進一步閱讀。

一、婦女史與女性主義研究

　　作爲社會的弱勢群體，婦女一直以來都是以男性精英爲主體的傳統歷史敘述的「缺席者」與「失語者」。而口述歷史正是我們試圖將那些被忽視的婦女的生活、經歷與情感融入我們對歷史與現實理解與反思的基本手段。傾聽婦女自己的聲音，不僅有助於彌補以男性爲主體的歷史的缺憾，更有助於從女性的獨特視角來重新審視整個人類社會的歷史。正如美國女性口述歷史先驅蕭娜・格拉克（Sherna Gluck）在她的女性口述歷史經典論文——《女人是如此的特殊嗎？——女性口述歷史》中所宣稱的：「不再保持沉默，婦女們正在創造一種新的歷史——運用她們自己的聲音和經歷。我們正在挑戰『那些所謂具有重要意義的歷史』的傳統觀念，進而肯定我們的日常生活就是歷史。運用與人類記憶同樣古老的口頭傳統，我們正在重建我們自己的歷史。」[1]

　　西方女性口述歷史（限於資料，這裏主要談美國

女性口述歷史）最先興起於一九七〇年代初，它的動力主要來自於一些基層計畫，比如一九七二年由格拉克主持的「女性主義歷史研究計畫」、一九七三年由考基·布希（Corky Bush）主持的「愛達荷州農村女性口述歷史計畫」和一九七五年由蘇詹妮·格特（Suzanne Gott）等人主持的「蒙大拿女性歷史計畫」等等。在這些計畫的影響下，根據婦女研究雜誌——《邊緣》（Frontiers）一九七七年「女性口述歷史專題」統計，到一九七七年全美總共有十八個州開展了大約三十餘個集體性女性口述歷史計畫，除此之外，還有大量的個人女性口述歷史計畫[2]。七〇年代女性口述歷史主要處於發現被忽略的女性生活經歷的「挖掘過程」，而且訪談的對象主要集中於著名白人女性。作為這一階段女性口述歷史實踐的學術成果，就是一九七七年《邊緣》雜誌的「女性口述歷史專題」，該專題主要集中分析了女性口述歷史學家參與具體計畫的實際經驗，不過並沒有集中探討口述歷史的深層次問題（比如如何處理受訪者的身分問題、如何運用口述歷史進行研究等等）。

　　進入八〇年代，女性口述歷史計畫繼續發展，據一九八三年《邊緣》雜誌「女性口述歷史專題 II」統

計，全美總共有二十七個州開展了大約五十餘個涉及
婦女的集體性口述歷史計畫[3]。而到八○年代中期，
女性口述歷史領域發生三大轉變：(1)訪談的焦點迅速
轉向普通女性和有色人種女性。(2)一些大型女性口述
歷史計畫的財政支援迅速減少，這與當時雷根政府大
規模縮減人文科學計畫資金有關。(3)正是由於贊助資
金減少，女性口述歷史計畫開始從社區轉入學院，大
型合作性集體計畫幾乎消失，不過由從事婦女研究的
研究生與學者主持的小型口述歷史計畫迅速增加。其
實這也反映了女性口述歷史理論的深層次發展，他們
主要將女性口述歷史作爲分析個案，進而探討包括女
性語言、女性主體性、女性記憶與女性認同在內的婦
女研究的深層次問題。

擁有關注女性口述歷史優良傳統的《邊緣》雜
誌，繼一九七七年、一九八三年之後，於一九九八年
第二、三期又開闢女性口述歷史專題。第二期主要介
紹了女性口述歷史的多樣性；第三期主要探討了女性
口述歷史的問題與困境[4]。如果說前兩期主要集中於
介紹女性口述歷史的運用的話，那麼後兩期將反映出
該領域的新發展，包括對於種族、階級、性別、後殖
民主義、文化研究、文本理論以及「後現代轉向」等

理論與方法的關注。

　　除了《邊緣》雜誌之外，關注女性口述歷史的雜誌還有《口述歷史評論》、《婦女史雜誌》（*Journal of Women's History*）與《美國歷史雜誌》等等，另外還有一些專著探討這些問題[5]。

　　在中國大陸，規模最大、影響最廣的女性口述歷史計畫是由李小江教授主持的「二十世紀婦女口述史計畫」。該計畫從一九九二年九月正式啓動，它是中國史學史上第一次將婦女這一主題與口述史方法相結合的嘗試，參與者逾千人次，遍及全國二十多個省市和少數民族地區。

　　目前，大陸出版的利用口述歷史進行婦女研究的比較有影響的專著有：貴州省社會科學院民族文化研究所副所長張曉的《西江苗族婦女口述史研究》、中國社會科學院歷史研究所副研究員定宜莊的《最後的記憶》，和李小江教授主編的《二十世紀中國婦女口述史叢書》[6]。另外，從九〇年代中期起，大陸一些期刊也開始關注女性口述歷史這一主題，不過數量很有限[7]。

　　在臺灣，女性口述歷史開展最爲活躍的是中央研究院近代史研究所。該所於一九九二年出版了第一部

女性口述歷史的專書《賈馥茗先生訪問紀錄》，其後連續出版了一系列女性口述歷史訪問記錄，包括《周美玉先生訪問紀錄》、《任以都先生訪問紀錄》、《藍敏先生訪問紀錄》、《陳湄泉先生訪問紀錄》、《走過兩個時代的臺灣職業婦女訪問紀錄》和《女青年大隊訪問紀錄》等等。此外，還有一些基於女性口述歷史的故事集，目前已出版的有《阿媽的故事》、《阿母的故事》與《消失中的臺灣阿媽》[8]。值得一提的是，臺灣女性口述歷史不僅在實踐上取得了很大的成績，而且在理論研究方面也邁出了重要的一步，其代表性成果是中央研究院近代史研究所游鑑明研究員的《傾聽她們的聲音：女性口述歷史的方法與口述史料的運用》一書[9]。

　　在香港，女性口述歷史也開始受到婦女學界的重視，香港新婦女協進會分別於一九九八年和二〇〇二年推出兩女性口述歷史──《又喊又笑：阿婆口述歷史》和《16+──少女口述歷史》。

二、口述歷史、記憶與語言

　　口述歷史是透過訪問者所設計的問題去喚醒、激發並塑造受訪者對於歷史的認識，透過語言藉此抽取受訪者記憶中的資訊。記憶要經由語言來表達，因為個人的歷史經歷往往是以無序與模糊的狀態存在於大腦中，或者說根本沒有存在著某些歷史經歷，因此這些無序與模糊的記憶必須經由語言加以陳述、命名、認定或虛構才得以落實。在這個過程中，語言的使用已經對記憶進行了兩個不同層次的重建，一方面是原始歷史記憶的清晰化，另一方面是語言對於記憶的重新詮釋與虛構。

　　對於記憶的研究長期局限於個人記憶的生理和心理分析，而忽視個人記憶與社會的互動關係。對於心理學強調的個人記憶研究的挑戰，最早來自法國社會學家涂爾幹的學生哈布瓦赫（Maurice Halbwachs）。哈布瓦赫認為：「記憶不是一個既定的概念，而是一個社會建構的概念……儘管集體記憶是在一個由人們構成的聚合體中存續著，並且從其基礎中汲取力量，但

也只是作爲群體成員的個體進行記憶。順理成章，推
而論之：在一個社會中有多少群體和機構，就有多少
集體記憶……當然，進行記憶的是個體，而不是群體
或機構，但是，這些根植在特定群體情境中的個體，
也是利用這個情境於記憶或再現過去的。」[10]簡而言
之，就是所謂的「記憶的集體性框架」（collective
framework of memory），即集體記憶。

　　中央研究院歷史語言研究所王明珂研究員在《華
夏邊緣：歷史記憶與族群認同》一書中，非常準確地
概括了集體記憶的一般觀點，主要論點爲：(1)記憶是
一種集體社會行爲，人們從社會中得到記憶，也在社
會中拾回、重組這些記憶。(2)每一種社會群體皆有其
對應的集體記憶，藉此該群體得以凝聚及延續。(3)對
於過去發生的事來說，記憶常常是選擇性的、扭曲的
或是錯誤的，因爲每個社會群體都有一些特別的心理
傾向，或是心靈的社會歷史結構；回憶是基於此心理
傾向上，使當前的經驗印象合理化的一種對過去的建
構。(4)集體記憶依賴某種媒介，如實質文物（artifact）
及圖像（iconography）、文獻，或各種集體活動來保存、
強化或重溫[11]。

　　從上面的分析中，我們可以發現口述歷史與語言

和記憶有著緊密的聯繫。其中有兩個問題值得我們關
注：口述歷史與歷史真實的關係，即透過口述歷史，
我們可以掌握「歷史的本來面目」，抑或「歷史呈現的
重塑性與創造性」。其實這個問題也突出地反映在其他
歷史形式中，即「歷史製造」（history making）過程中
的主觀運作的可能性。口述歷史生產過程中的語言與
記憶特點，讓我們更爲深刻地認識到了歷史製造過程
中的個人與社會、個人記憶與公共表述、話語與權力、
語言與詮釋的複雜關係[12]。

三、民俗學

　　口述歷史也是民俗學家收集資料和進行實地研
究的重要手段，但是與歷史學家不同，民俗學家對於
口述歷史的理解與運用是有其獨特考慮的。美國民俗
學家理查德・達森（Richard Dorson）認爲，民俗學家
與口述歷史學家的區別主要體現在兩個方面：首先，
口述歷史學家的訪談是基於預先研究的，而民俗學家
是透過不期而遇來收集資料的。其次，口述歷史學家
主要研究國家結構、法律、政治、戰爭與社會趨勢，

而民俗學家關注傳統或者所謂的「人民的歷史」[13]。

　　口述歷史在民俗學中，深化了民俗學研究中一直強調的實地考察精神，同時也爲口述歷史焦點的轉移提供了良好的契機——即關注普通人民群眾的歷史。口述歷史與民俗學的關係，也讓我們將視角觸及到了在文字產生之前或者在今天的無文字社會中普遍存在的「口頭傳統」。所謂口頭傳統，簡而言之，就是透過一代一代人的口頭傳授流傳下來的，它爲某一特定的社區成員共同享有。口頭傳統是歷史的最早表現形式，自從文字出現以後，它開始慢慢退出歷史的舞台，可是在一些土著地區，尤其是沒有文字記載的地區，它仍然非常盛行。口頭傳統在非洲社會中扮演著特殊的角色，種族身分、社會地位、擔任公職的權利以及對土地的所有權，都是透過口頭傳統加以證實的[14]。在口頭傳統研究領域最爲著名的是簡‧范西納（Jan Vansina）的經典著作——《口頭傳統：歷史學方法論研究》[15]。

四、醫學

　　口述歷史在醫學中的運用，除了運用口述歷史來書寫醫學史之外，目前主要的作用是用於老年醫學中的懷舊治療（reminiscence therapy）。許多研究者已經發現，透過口述歷史（生平回顧）有助於那些經歷精神創傷和具有嚴重精神抑鬱的老人走出生活的陰影。在英國，口述歷史已經發展為一項治療精神疾病的社會運動，而其代表人物是英國開放大學（Open University）公共衛生學院的喬安娜‧博納特（Joanna Bornat）女士[16]。

五、社區研究

　　所謂「社區」可被大略地定義為有共同身分的一群人，他們或居住在同一區域，或屬同一種族，或有共同的宗教信仰，或同屬有組織的無黨派人士，或有相同的職業[17]。社區的口述研究，不僅有利於自身研

究水平的提高，而且爲口述史學的發展提供良好的群
眾基礎。一般來說，官方對於普通社區和人民的記載
是有限的，他們很少受到別人的注意，而這一方法的
運用必將引起他們的興趣。而且在某種程度上，口述
歷史方法已經成爲某一社區「增權」的一種方式[18]。

　　當然，除了上述的幾個領域之外，口述歷史的跨
學科思考還可涵蓋家族史、地方史、藝術史、建築史、
人口史、兒童史、體育史、人物傳記、新聞、教育、
法律、災難研究、公司歷史、圖書館學、媒體研究等
領域。《美國歷史雜誌》、《口述歷史評論》和《口述歷
史》（*Oral History*）等期刊，都已經對這些問題進行
了初步且有益的探索，限於篇幅這裏不再累述。

註　釋

[1]Sherna Berger Gluck, "What's So Special About Women? Women's Oral History," *Frontiers: A Journal of Women's Studies*, Vol.II, No.2, 1977, p.3.

[2]關於這些計畫的詳細資訊，請參閱"Women's Oral History Resource Sections: Projects and Collections." *Frontiers: A Journal of Women's Studies*, Vol.II, No.2, 1977, pp.125-128.

[3] 關於這些計畫的詳細資訊，請參閱 Nancy D. Mann, "Directory of Women's Oral History Projects and Collections," *Frontiers: A Journal of Women's Studies*. Vol. VII, No.1, 1983, pp.114-121.

[4]"Women's Oral History," *Frontiers: A Journal of Women's Studies*, Vol.XIX, No.2, 3, 1998.

[5]詳細資訊請參閱 Sherna Berger Gluck and Daphne Patai eds., *Women's Words: The Feminist Practice of Oral History*, New York and London: Routledge, 1991; Kathryn Anderson, Susan Armitage, Dana Jack, and Judith Wittner, "Beginning Where We Are: Feminist Methodology in Oral History," *Oral History Review* 15, Spring1987; pp.103-127; Emily Honig, "Striking Lives: Oral History and the Politics of Memory," *Journal of Women's History* 9, No.1, Spring1997; Irene Ledesma, "Confronting Class: Comment on Honig," *Journal of Women's History* 9, No.1, Spring 1997; Susan Armitage, "Here's to the

Women: Western Women Speak Up," *Journal of American History*, September 1996, pp.551-559; Susan E. Chase and Colleen S. Bell, "Interpreting the Complexity of Women's Subjectivity," in Eva M. McMahan and Kim Lacy Rogers eds., *Interactive Oral History Interviewing*, Lawrence Erlbaum Associates, Publishers, 1994, pp.63-81.

[6]張曉，《西江苗族婦女口述史研究》，貴陽，貴州人民出版社，1997年；定宜莊，《最後的記憶》，北京，中國廣播電視出版社，1999年；李小江主編，《讓女人自己說話：文化尋蹤》、《讓女人自己說話：民族敘事》、《讓女人自己說話：親歷戰爭》和《讓女人自己說話：獨立的歷程》，北京，三聯書店，2003年。

[7]黎唯，〈婦女口述歷史：人類歷史的另一半——訪中國女性學家李小江教授〉，《民族團結》，1995年第8期；劉霓，〈女性主義社會科學研究的方法與特點〉，《國外社會科學》，1997年第4期；多蘿苔‧維爾琳，〈口述史與婦女歷史研究：來自德國的經驗〉，《陝西師範大學學報》（哲社版），1998年第4期；鮑曉蘭，〈西方女性主義口述史發展初探〉，《浙江學刊》，1999年第6期；胡鴻保和定宜莊，〈口述與文獻的融通：滿族史研究新體驗——和定宜莊博士對談〉，《黑龍江民族叢刊》，1999年第3期；鮑曉蘭，〈女性主義和傾聽婦女的聲音——意義、方法和思考〉，《山西師範大學學報》，2001年第1期；鄭丹丹，〈痛苦的社會建構——一個女子的口述史分析〉，《浙江學刊》，2002年第3期。楊祥銀，〈婦女史、口述歷史和女性主義視角〉，《浙江學刊》，2004年第3期。

[8]關於臺灣女性口述歷史的開展情況，請參閱葉漢明，〈口述史料與婦女研究〉，載游鑑明，《傾聽她們的聲音：女性口述歷史的方法與口述史料的運用》，臺北，左岸文化事業有限公司，2002 年。

[9]游鑑明，《傾聽她們的聲音：女性口述歷史的方法與口述史料的運用》。

[10]（法）莫里斯·哈布瓦赫著，畢然、郭金華譯，《論集體記憶》，上海，上海人民出版社，2002 年，第 39-40 頁。

[11]王明珂，《華夏邊緣：歷史記憶與族群認同》，臺北，允晨文化實業股份有限公司，1997 年，第 50-51 頁。

[12]相關研究，請參閱王明珂，《華夏邊緣：歷史記憶與族群認同》；王明珂，〈誰的歷史：自傳、傳記與口述歷史的社會記憶本質〉，《思與言》，第 34 卷第 3 期，1996 年；黃克武，〈語言、記憶與認同，口述記錄與歷史生產〉，《口述歷史進階研習營》，2000 年；Donald J. Grele, "Private Memories and Public Presentation: The Art of Oral History," in Ronald J. Grele, *Envelopes of Sound: The Art of Oral History*; Charles Joyner, "Oral History as Communicative Event," in David K. Dunaway and Willa K. Baum eds., *Oral History: An Interdisciplinary Anthology*; John Bodnar, "Power and Memory in Oral History," *Journal of American History* 75, No.4, 1989; Jeremy Beckett, "Against Nostalgia: Place and Memory in Myles Lalor's Oral History," *Oceania*, Vol.66, 1996, pp.312-322.

[13]Richard Dorson, "The Oral Historian and the Folklorist," in David K. Dunaway and Willa K. Baum eds., *Oral History: An*

Interdisciplinary Anthology, p.283. 有關口述歷史與民俗學關係的其他研究,請參閱初雪,〈口述史學與民俗學基本理論管窺——性質、對象、目的、方法比較〉,《國外社會科學》,1997 年第 1 期;Larry Danielson, "The Folklist, the Oral Historian, and Local History," in David K. Dunaway and Willa K. Baum eds., *Oral History: An Interdisciplinary Anthology*, pp. 187-198;高琴,〈民族志和口述史的內在類同〉,《民俗研究》,2001 年第 1 期;曲彥斌,〈略論口述史學與民俗學方法論的關聯——民俗學視野的口述史學〉,《社會科學戰線》,2003 年第 4 期。

[14]約翰‧托什,《口述的歷史》,第 88 頁。

[15]Jan Vansina, *Oral Tradition: A Study in Historical Methodology*, Chicago: Aldine, 1965.

[16]Joanna Bornat, "Oral History as a Social Movement," *Oral History* 17, Autumn 1989. 有關口述歷史與醫學的其他研究,請參閱 R. and S. Harris, "Therapeutic Uses of Oral History Techniques in Medicine," *International Journal of Aging and Human Development* 12, 1980, pp.27-34; Joanna Bornat, "Reminiscence and Oral History: Parallel Universes or Shared Endeavor?" *Ageing and Society* 21, 2001, pp.219-241; Marianne Lo Gerfo, "Three Ways of Reminiscence in Theory and Practice," *International Journal of Aging and Human Development* 12, 1980, pp.35-38; Nancy Tomes, "Oral History in History of Medicine," *Journal of American History* 78, No.4, September 1991, pp.607-617.

[17]Donald A. Ritchie, *Doing Oral History*, p.186.

[18]相關研究，請參閱 Laurie Mercier and Madeline Buckendorf, *Using Oral History in Community History Projects*, Oral History Association, Pamphlet Series #4, 1992; Donald A. Ritchie, *Doing Oral History*, pp.186-192; Rickie Burman, "Oral History and Community History in the Work of Manchester Studies," *International Journal of Oral History* 5, June 1984, pp.114-124; Ingrid Scobie, "Family and Community History through Oral History," *The Public Historian* 1, Summer 1979; 肯・霍爾斯著，陳英譯，《口述歷史》，臺北，播種者文化有限公司，2003 年，第 109-132 頁。Glenn A. Crothers, "'Bringing History to Life': Oral history, Community Research, and Multiple Levels of Learning," *Journal of American History* 88, No.4, March 2002; Linda Shopes, "Oral History and the Study of Communities: Problems, Paradoxes, and Possibilities," *Journal of American History* 89, No.2, September 2002.

第四章　課堂篇：
口述史學與課堂教學

　　教育體制改革的呼聲可謂一浪高過一浪，引起了教育工作者和教育管理部門以及學生們的極大注視。對於傳統教育體制的弊端，人們可以說耳聞目睹。它過分地誇大了教師在教學過程中的作用，而忽視了學生的主動性、操作性和創造性。成功的教學模式應該是在教師和學生的互動過程中共同完成的。

　　那麼如何在教師和學生的互動過程中，找到實現雙方平衡的「工具」呢？筆者覺得口述歷史教學將是達到這個目標的一種相當合適和可供嘗試的選擇。誠如美國口述歷史教育家協會（Association of Oral History Educators）主席巴里·蘭曼教授所說的：「誠然，口述歷史也並非擺脫現代教育困惑的萬能藥，不是每一個學生都很容易適應它。但是那些曾經採用口

述歷史教學方式的教師，卻對口述歷史教學的優點有
著熱烈的評價，認爲它將是一種值得嘗試和付出辛勤
的方法。」[1]

　　所謂口述歷史，簡單地說，就是透過傳統的筆錄
或者錄音和錄影等現代科技設備的使用，記錄歷史事
件的當事人和目擊者的回憶而保存的口述憑證。而口
述歷史教學則是從口述歷史研究的實踐過程中衍生出
來的，根據筆者的理解，就是指依託於一項口述歷史
計畫，結合口述史學理論和方法的解釋和探索，由教
師和學生共同完成這個計畫。在這種教學過程中，教
師處於「消極的」（passive）指導地位，而學生處於「積
極的」（positive）實踐地位，即全程參與口述歷史計
畫，包括計畫的選題，背景資料的搜集，潛在受訪者
的尋找，訪談以及訪談資料的整理與出版。

一、口述歷史教學的興起和發展

　　口述史學研究是一項操作性非常強的工作，因而
它特別適合於專案性操作。也正是由於這一點，口述
史學作爲一種教育手段而深受教師的喜歡。在現代口

述史學誕生之後不久，口述史學就成爲很多教師輔助
其實現教育目標的工具。很多實踐過口述歷史教學的
教師都認爲，口述歷史教學是一項富有挑戰性和值得
嘗試的事業。而在口述歷史教學過程中，處於實際操
作角色的學生深深地感到，它是他們的專業研究中最
有價值的部分之一（相對於大學以上水平的學生）。

　　由於上述的特點，很多口述史學發達的國家都非
常重視口述歷史教學在各種專業教學中的作用。美
國、英國和澳大利亞是這一事業的先行者，它們的口
述歷史教學工作已經取得了巨大的成就，不僅在全國
性的口述歷史協會中設有類似於口述歷史教學委員會
的機構，而且在每年的年會中，「口述史學與課堂教學」
也是重要的議題。在這些國家，不僅小學、中學和大
學開設類似的口述歷史教學課程，而且連社區、成人
和繼續教育也是如此。它不僅應用於歷史學教學，而
且適用於社會學、人類學、民俗學等等適合專案性操
作的學科教學。

　　基於各方考慮，這裏只介紹口述歷史教學在美國
的開展情況，因爲，筆者認爲口述歷史教學在美國的
開展是最具代表性的，從它的發展軌跡可以瞥見當代
國際的口述歷史教學概貌。

　　美國口述歷史教學的興起最早開始於一九六○年代末期，它的產生正好反映了當時美國歷史學和歷史學教育面臨著巨大的困難。一方面，由於歷史學是一個投入與產出周期相當長的行業，因而人們對它們的重視程度是顯而易見的，更何況那時的美國是一個注重經濟和科技開發的時代。正因爲對歷史學不夠支持，造成了很多歷史工作者紛紛轉行，當時的歷史工作者隊伍也驟然減少。另一方面，歷史學作爲一種普及教育的手段，學生對歷史的興趣降低。對於中小學生來說，他們對自己國家和民族歷史的瞭解甚少，這個傾向引起了政府的高度重視，爲了增強美國小孩對於自己國家和民族的歷史感，他們非常重視歷史學教育，以增強中小學生的歷史意識。而對於大專院校來說，作爲未來歷史學家的培養目標，歷史系註冊的學生日益減少。

　　在這種嚴峻的形勢下，歷史學究竟何去何從，美國拉邦－蓋普那庫奇中學的社會研究教師威金頓回答了這個問題，並且以他的實際行動和後來所產生的實際效果證明了他的選擇是正確的。一九六六年，他倡導了一項「狐火計畫」，它是結合口述歷史與民間傳說以及地方史，作爲一種教育手段的第一項中學口述歷

史計畫。由於他的授課和教科書對他的學生來說沒有任何興趣，而且學生的成績和各方面的能力（包括寫作、口頭表達、操作技能和思維能力等等）沒有什麼顯著的提高。於是，他便問學生：「你們是否願意丟棄教科書，而來辦一份雜誌呢？」[2]

　　威金頓的這一提議引起了學生們極大的興趣，他們便開始在教師的指導下，深入當地的農村，向老前輩們採訪他們過去的經歷和他們對歷史的感悟。這個計畫持續了一個學期，而課程的安排包括兩個部分，一部分是在課堂上完成的，即聽寫、口頭表達、設備的操作、主題的選擇、訪談問題的設計，磁帶的整理、抄本的製作，以及訪談經驗的交流等等。而另外的任務全部是在實地操作的，即一種「田野工作」，包括潛在受訪者的尋找、主題背景資料的搜集、正式的訪談。經過一個學期的課堂和實地作業的訓練，他們的寫作、口頭表達、交際能力和操作能力提升了，更重要的是極大地提高了他們的學習主動性和創造性。在這個過程中，很多選題都是學生們集體討論的結果。最後，他們所搜集的口述憑證於一九七二年整理成一本書──《狐火》（*Foxfire Book*），作為對於一段時間操作經驗的總結[3]。

　　透過期刊、電視和記錄片,「狐火計畫」技術很快在全美開始流行起來。眾多的中小學都創辦了類似的集教學於一身的口述歷史計畫,而且,都以期刊或書的形式廣泛地在地方或全國發行。緊接著《狐火》在全國發行的類似的書有兩本,它們是緬因州肯尼班克波特(Kennebunkport, Maine)出版的《鹽書》(*The Salt Book*)和密蘇里州黎巴農(Lebanon, Missouri)的《比特斯威特郡》(*Bittersweet County*)[4]。

　　直到一九九〇年代,很多學校還是開展類似的課程,甚至冠冕堂皇地以與「狐火」相關的名稱來命名課程。比如拉馬爾郡中學(Lamar County High School)的一個教師在一九九〇年開始主持這個學校的「狐火Ⅰ」計畫。當然,其他州的「狐火化計畫」(Foxfired Project)也是數不勝數的[5]。

　　「狐火計畫」之所以引起那麼大的回響,它不僅解決了美國歷史學教育所面臨的困境,而且為整個美國教育體制改革提供了極具嘗試性的經驗。因為,在現在的美國,口述歷史作為一種教育手段,不僅單純地應用於歷史學,而且廣泛地應用於社會學、人類學、美國研究、民俗學、文學、新聞學、移民研究、婦女研究、種族研究等領域。

　　總結起來，「狐火計畫」的最大特色是：口述歷史教學一方面改變了以往的靜態歷史教學面貌，而成爲充滿活力、內容豐富的動態活動。另一方面它「打破了課堂與社會的界限，促使教師與學生成爲工作夥伴，有助於代際間的接觸」[6]。

　　值得一提的是，「狐火計畫」技術這份寶貴的財富，威金頓在一九八五年做了系統的總結，傳給他的同行，書名也極具特色——《亮麗的瞬間：狐火體驗》[7]。

　　一九九〇年代美國口述史學的發展，可謂是一場運動，它的範圍不僅僅在學術領域，而是廣泛地深入到社會的各個層面。美國著名口述歷史學家格登針對此曾說：「人們用口述歷史研究，在大學課堂，在中小學學校，在博物館和地方歷史團體都有人從事口述歷史。那是非常流行的。」[8]在整個口述歷史學界，作爲推動這場運動普及化的工具，美國口述歷史教學的應用廣度是史無前例的，也是其他任何一個國家無法比擬的。

　　首先，從教學對象的層次來看，從中小學到正規的大專院校，從地方歷史學會到研究所，從社區教育輔助計畫到繼續教育，都有各種類型的口述歷史課程。有的是短期的口述史學理論和方法的培訓，時間

在一周左右；有的是定期的口述歷史操作培訓計畫，
大都由當地的博物館或圖書館籌劃；有的是正規的口
述歷史課程，它是歷史系專業設置的一部分，也是有
學分的，當然，這種方式一般都在大專院校。比如，
上述提到的格登教授就在他所在的歷史系開設了口述
歷史課程（占五個學分），不過，在美國口述歷史課程
一般沒有正式的學位授予制度，它是從屬於公共歷史
學的。這樣的課程在美國一般大學都有，它每年都承
擔一些比較重要的歷史研究計畫，而且取得的成績也
是令人關注的，也正是由於此，美國大學口述歷史計
畫的受支持程度是很高的。

　　目前在美國的一些老年活動中心，很多退休的各
行各業的專業人員，他們也在積極地籌劃口述歷史計
畫，可是他們沒有受過正規的口述歷史教育，因而他
們便邀請當地的一些相關領域的學者給他們做短期的
培訓。當然，他們對於口述史學的理解，無法從方法
論和本體論上來認識，更多的是作為一種操作方法來
應用。而且，他們奉行口述歷史是一種以操作為主的
方法，它必須在實踐中提高，再高的理論水平對於計
畫的操作也是無益的。

　　所以，美國的口述歷史教育從年齡段上來看，不

僅有小孩、青年和中年，同時還有老有所用的退休老人。其實，這種方法對於老人來說，也是一種重要的醫療手段。一些老人特別是那些沒有受人注意的，過去留給他們的痛苦和悲哀太多了。而這樣一種懷舊訪談便可以成爲老人在變遷的世界中重新獲得自尊和自信的重要方式。更值得注意的是，懷舊訪談能夠被用來重新喚起嚴重孤獨和抑鬱者的精神，甚至用作治療精神病和發狂的老人的方式。

　　其次，從教學對象的專業來看，儘管在字面上而言，口述歷史中含有「歷史」這個詞語，但是這並不妨礙它在其他學科的流行程度。它除了用於歷史學研究之外，而且作爲一種教育和研究手段被廣泛地用在社會學、英文、民俗學、人類學、種族學、戲劇學以及醫學等人文社會科學和自然科學。比如，「狐火計畫」的啓動，它的初衷是出於提高學生的寫作技巧。但是，由於它被證明在激發學生的學習興趣方面相當有效，才推廣到其他專業。

　　值得一提的是，目前，口述歷史教學已經與現代技術的發展緊密聯繫在一起，它的傳播方式不再是簡單的期刊和書本，而更多地是依賴於互聯網，從而快速達到全國和全球範圍內的交流。比如南金斯頓中學

和布朗大學聯合主辦的口述歷史計畫——「整個世界在注視：一九六八年口述歷史」和「奶奶，你在戰爭中做些什麼？」便是代表[9]。

隨著口述歷史教學的發展，而且被證明是很有效的，口述歷史教學在美國的受關注程度也迅速提高。它逐步走上正規的道路，也開始贏得「正統」的地位（口述歷史教學開始時，部分學校受到學校行政管理層的多方責難）。

第一，美國口述歷史教學有全國性的組織——口述歷史教育家協會，而且有自己的專業刊物——《口述歷史教育家》(*The Oral History Educator*)，作爲推動口述歷史教學發展的陣地[10]。這個協會的宗旨是：「促進學生口述史學研究專業水平的提高，促進口述歷史作爲一種教育手段的研究，認可和獎勵優秀學生的口述歷史計畫。總之，它的最終目標是——爲下一代口述歷史學家的誕生做準備。」[11]

第二，美國口述歷史協會爲了推動口述歷史教學的發展，專門籌劃了一個教育委員會，負責口述歷史教學發展的規劃。而且在每年的口述歷史協會年會上，都有大量的口述歷史教學研討會。同時，在每年的年會上，評選最優秀的口述歷史教學計畫。獲獎者

可以得到協會頒發的榮譽證書、獎金以及免費的口述
歷史協會成員資格。口述歷史教學的發展，不僅引起
了歷史學界的注視，而且一些相關領域的學術團體也
開始加強對口述歷史教學的指導。國家社會研究理事
會（The National Council for the Social Studies）就有自
己的小冊子——《課堂上的口述歷史》，它提供了「怎
樣從事口述歷史」的系列方法[12]。

　　在近年來的「歷史日」（History Day）競賽中，有
越來越多的以口述歷史教學為基礎的計畫參加這個全
國性的競賽。每年都有四十萬名學生和二萬名教師參
加當地地區和州的競賽，獲獎者再參加全國競賽。學
生們基於共同的主題從事計畫、多媒體演示、論文和
戲劇表演。大約每年都有三分之一的學生參加過口述
歷史採訪。這個競賽評審會對以口述歷史採訪為基礎
的計畫特別感興趣，而且為推動這個計畫的競爭，制
定了一系列的衡量標準[13]。

　　第三，口述歷史教學的發展，在某種程度上來
說，得益於期刊的介紹，這也說明了口述歷史教學的
受關注程度。一九八八年，口述歷史協會出版了一本
非常具有實用價值的小冊子——《中學課堂上的口述
歷史》，它列舉了各類口述歷史教學的指導單元，包括

爲期兩周、八至十周或一年的口述歷史教學大綱，主
要講授口述歷史計畫的基本操作方法、口述歷史研究
的選題、學生們透過採訪獲得的資訊的使用方法，以
及怎樣尋求學校口述歷史計畫的贊助等等建議[14]。口
述歷史協會的官方刊物——《口述歷史評論》（*Oral
History Review*）從創刊起，就非常重視對口述歷史教
學論文和信息的介紹[15]。當然，這時期也出版了幾本
專著[16]。

二、如何進行口述歷史教學

　　如上所說，口述歷史教學是以口述歷史計畫爲依
託的教學兼研究活動。所以它的程序跟一項口述歷史
計畫的操作是很相近的，這些內容在第二章〈方法篇〉
中已有明確的論述。而在這裏，筆者根據口述歷史教
學的重點分析以下幾個問題，至於口述歷史教學中最
重要的一環「口述歷史訪談」不再累述。

（一）教學目標

　　對於如何制定口述歷史教學的目標，不同的實踐

者做出的回答是不一樣的，有的人甚至認爲根本沒有必要制定明確的教學目標，因爲他們經常爲口述歷史教學產生結果的多樣性感到驚奇和意外，包括學生的語言能力、交際能力、動手能力、思維能力、應變能力等各方面，都有明顯的進步，也有可能這個教學活動歸於流產。確實，對於具體的口述歷史教學能夠產生什麼樣的結果，或者說教學的預期目標是極其不確定的。但是，作爲一門正式的教學活動，制定合理的或者說大概的目標是很有必要的，它可以規範和檢驗具體的教學實踐過程。

當然，在制定口述歷史教學目標時要根據教學的對象而定。小學水平的口述歷史教學所選擇的口述歷史訪談主題，其主要目的不是爲瞭解或者探討主題本身，而是爲了讓小孩們熟悉他們的生活環境，包括家族的歷史、學校的歷史以及日常生活中經常遇到的人。或者說，口述歷史訪談僅僅是作爲改變傳統的小學教學模式的一種方法而已，因爲這種方法適合小孩活潑、愛動的性格。當然，教師可以根據具體的環境，適當地強調對學生某一方面的培養，比如學生們的口頭表達和寫作能力等等。

而對於中學生而言，口述歷史教學的主要目標應

該是透過口述歷史計畫輔助其正常的教學計畫，以達到對教學計畫知識的更深刻的瞭解，甚至可以挖掘一些具有重大意義的歷史資料。當然，很多口述歷史學家認為，中學的口述歷史學家有助於幫助學生重建自身、家族、社區乃至國家意識，「當學生成人後，口述史學的目標和複雜程度都提高了。對於中學生來說，口述史學開始更多地涉及情感領域。簡而言之，就是跟感情和情緒有關，由於成年人正在為他們的個人身分而奮鬥，口述歷史幫助他們重新將注意力轉到家庭和社會」[17]。

　　進入大學或者研究生階段以後，口述歷史教學應該扮演什麼樣的角色呢？大部分教師認為，主要目標是透過口述史學實踐活動訓練學生的研究原理、方法和思維，以消除學生對研究過程感到神秘的思想。當然還有一部分教師認為，讓學生參加口述歷史教學實踐活動，主要是為了打破學術與現實社會的界限，使學生重新定位歷史學科的性質和價值。不過，在現實教學過程中，教師還是以自己的研究重點為主要出發點，來培養學生的各項能力和素質。

　　而最近幾年，口述歷史教學在繼續教育和遠距教育中的地位越來越重要，很多國外的繼續教育中心紛

紛設置了口述史學的碩士學位。比如英國蘇塞克斯大學一九九六年開始，在繼續教育中心設置了生活史研究碩士學位，其中包括口述史學和民意調查（Oral History & Mass-Observation）課程[18]。繼續教育中的口述史學課程，除了幫助各專業的研究生提高研究能力之外，更主要的是面向社會，也就是它可能爲的是幫助轉業，透過口述史學的系統訓練學習一些社會上比較需要的技能，畢竟系統的口述史學課程可以訓練學生的訪談技能、各種錄音和錄影設備的操作等等。或者是爲了記錄家族、公司、各種社團歷史的需要，而派其成員加強這方面的鍛煉，以等到他們畢業後，讓他們回來主持口述歷史的撰寫工作[19]。

（二）如何選題

　　關於口述歷史計畫的選題，在第二章中已有詳細論述。不過，在那裏主要是從選題的方向來論述的，而這裏，將分析選題（主要針對大學和研究生階段）的方式——也就是說口述歷史教學計畫主題，是根據學生的要求還是單純地奉行教師的決定，再或者是合作選題？

　　學生選題有一個很重要的優勢，那就是選擇的主

題肯定是他們感興趣和比較瞭解的。因爲,口述歷史教學中,學生肩負著主要的實際操作責任,所以由學生選題勢必會給他們的操作帶來更大的主動權。可是,正由於此,學生們對於自己選擇的主題,由於缺乏相應的審核能力,往往出現不切實際的選題;即使選題合理,但可能教師對這個選題並不熟悉,那麼教師在口述歷史教學過程中的指導地位就很難表現出來,甚至失去了口述歷史教學本身的意義。

反之,學生被動地根據教師的選題來操作,其結果很可能造成學生不知從何做起,更有可能使口述歷史教學的互動過程變成爲學生簡單地完成教師指令的「電腦式」操作模式。所以,最爲合理的選擇應該是透過教師的指導、學生積極的背景研究和最後的討論,來共同決定計畫的主題。

(三)課程評估

課程評估是口述歷史教學過程中重要的一環,它可以說是系統地檢驗教學效果的最好方式。在沒有完成整個教學計畫之前,教師和學生的每一步過程都是一個未知數,也就是他們一般都是抱持嘗試的態度去操作的。而只有等整個計畫完成之後,教師才知道選

題是不是合適、教師應該在口述歷史教學過程中扮演什麼樣的角色……而學生才知道如何才能更好地與人溝通，如何更好地提問，如何應付那些困難的受訪者，如何更好地提高錄音的聲音品質……總之，作為教師來講，應該在正常的教學計畫中突出課程評估的地位。

　　當然，課程評估的方式有很多種，教師可以列出很多專題供學生討論，比如「如何選題」、「最佳的訪談應該具備什麼樣的條件」、「如何提高錄音的品質」、「如何擴大口述歷史的傳播」、「談談最難忘的訪談」等等。這些問題可以說涵蓋了口述歷史教學理論的主要方面，與其說教師在實踐之前拚命地向學生灌輸理論知識，還不如先讓他們參加實踐，然後再讓他們自己提出對這些問題的看法，我想這才是教師在口述歷史教學過程中所應該扮演的角色，同時，這也是口述歷史教學深受學生喜歡的主要原因。

　　當然，對於上述列出的專題，教師應該有一個基本的評估標準。這裏，筆者就以「最佳的訪談應該具備什麼樣的條件」為例，以供教師參考：(1)訪談的主題或焦點是什麼？(2)錄音帶引言是否提供足夠的資訊？(3)訪談使用了領導性問題還是做出了偏見的評價？(4)錄音帶的品質如何？(5)訪談的歷史價值如

何？[20]

三、口述歷史教學的作用

　　口述歷史教學能夠取得什麼效果？或者說口述歷史教學有什麼作用？這個問題只能相對來說，也許只能相對於傳統的教學模式而言。事實上，口述歷史教學的實踐者之所以認爲口述歷史教學有這樣或者那樣的作用，也只是與自己過去的教學效果相比較得出的。

　　不管怎樣，口述歷史教學取得的突破還是富有革命性和空前性的，它有助於「把教育從其制度的避難所中解放出來，回到現實的生活之中。雙方都從中獲益。訪談可以把來自社會不同階級和不同年齡群體的人們召集在一起，否則，他們將難以相遇，更不用說逐漸相互瞭解了。……此外，透過深入資訊提供者的生活，教師和學生們可以更好地理解他們未分享的價值觀，並經常對那些比他們自己的生活更少有特權的生活中所表現的勇氣表示敬意」[21]。概括而言，口述歷史教學的作用主要表現在以下幾個方面：

　　第一，對於歷史學科本身而言，它有助於讓學生乃至整個社會來重新定位歷史學科。澳大利亞新南威爾斯大學（University of New South Wales）口述歷史教學實踐者馬丁・里昂（Martyn Lyons）在論述口述歷史教學的作用時說道：「從正面效應來看，受訪者的友好合作精神是非常令人鼓舞的，因而學生們肩負特別重大的責任。許多人都感慨他們學到了很多有用的東西，而我相信他們找到了釋放經歷的方式。他們在一個新的領域去實踐自己，並且從中發現他們自己獨特的能力。一些人已經重新認識他們所聽到的消逝的藝術，他們勢必都要重新審視歷史學科。」[22]

　　傳統的歷史教學模式使學生感到歷史離他們很遠，甚至讓學生感到歷史研究是神聖而不能觸及的。反之，透過口述歷史教學的訪談讓學生對歷史認識獲得一個全新的維度——歷史不再是那些自己感受不到的教科書式的說教，原來歷史是可以為個人親身經歷的往事。因為，學生透過與歷史目擊者和當事人的訪談，就可以從一個新的角度確立起對歷史的再認識，甚至是在「重建一段不為人知的歷史」。

　　第二，口述歷史教學除了擴大和加深對歷史的理解之外，還可以培養學生的各種能力。口述歷史教學

爲學生重新認識歷史提供了一種全新的視覺，正如一位學生在評論口述歷史訪談的作用時所說的：「我發現了重要的和令人感興趣的……看到了社會變化對真正瑣碎細節的衝擊……總體社會環境的變化如何影響傳統社區的生活方式、價值觀和社會關係。」[23]當然，從更爲實際的角度來說，口述歷史教學讓學生的能力得到了全方位的訓練，包括組織能力、交際能力、調查能力、語言能力（書面寫作和口頭表達）、技術能力等等。

　　第三，口述歷史教學有助於培養學生的協作精神。未來社會的發展分工越來越精細化，任何一項事業都強調同事之間的合作精神。而口述歷史教學就是按照群體合作的方式設計的。它需要智力合作精神，而非傳統教育中片面強調的競爭機制，當然，這並不是在逃避競爭。學生與教師之間的共同探討和合作，突破了教師與學生之間的等級關係，給了他們更多的相互接觸的機會，那時，他們之間的關係將是相互的，「在口述歷史教學中（筆者加註），雙方是不可分離的，而且我們之間的合作可能使工作做得更加富有成效。整個過程比正常的教學方式少了重複和更加具有探究性，對教師而言，能有更多的機會從教學中獲益」

[24]。學生與學生之間的矛盾在操作過程中層出不窮，如何心平氣和地、謙虛地接受別人的意見，並平等地將問題擺出來加以討論，是任何從事口述歷史教學活動的學生所必須解決的問題。學生與學生之間的差異是明顯的，當然，這些差異不是簡單的優劣區別，更重要的是學生之間的才智互補性。實際上，很多學生都坦承，他們從同學那裏比教師那裏學到更多的東西[25]。

當然，口述歷史教學還可以改變傳統的教學模式，爲歷史和其他學科教學模式的革新提供可行的參考；挖掘一些重大歷史價值的第一手資料等等作用。

四、口述歷史教學面臨的問題

儘管口述歷史教學在教學改革過程中有很大的市場，但是作爲一個具體的操作計畫，口述歷史教學面臨的問題還是很嚴重的，如果這些問題得不到解決，其發展的後勁也是有限的。綜觀各國口述歷史教學的開展情況，筆者以爲當代口述歷史教學主要面臨著以下幾個問題：

　　第一，教師。雖然，在口述歷史教學中，教師只是充當「消極的」指導地位，但是教師卻是整個教學的靈魂，他把握住教學的總體方向。正如佛羅里達蓋恩斯維爾（Gainesville）的一個中學教師芭芭拉‧格蘭特（Barbara Gallant）所說的：「那不是娛樂和遊戲」，「它必須是課程的一部分而不是什麼特別的。我認為開始時你不一定需要資金，因為資金是可以找到的。我想最重要的是有一個熱心從事口述歷史並且認為口述歷史有真正價值的教師。」[26]具體地說，教師在時間上很有限，除了實地操作計畫以外，他還有大量的作業以及自己的研究工作，如果沒有一個認真負責的教師來承擔，那麼這個計畫的最終結果必然是破產。而且，口述歷史的操作需要多方面的素質，在正式操作之前，老師需要向學生講解設備的使用、訪談的注意點（法律和倫理考量）等等基本知識。也正是由於此，它對於教師的要求也比較高，有些老師為了承擔這個任務，還得重新加強這方面的培訓。

　　第二，學生。由於學生在口述歷史教學過程中的特殊地位，決定了他不同於一般的學生，他需要掌握多方面的知識。相對於小學生而言，他們在開始的時候，都普遍存在害羞的表現。這樣的心理反應會極大

地影響著計畫的正常進行。如何克服學生的害羞情緒，關鍵是如何讓他們快速地建立起自信心。可以的話，首先讓他們採訪一些熟識的人，熟悉正式採訪的基本過程，也讓他們體會訪談過程中出現的意外問題。畢竟與熟人訪談，會避免無謂的緊張情緒，一次訪談下來也會增強他們的自信心。因爲，「即使再有經驗的採訪者在開始一個新的採訪之前，也不免有點緊張，但是從事採訪的經歷能幫助學生增強他們的自信心」[27]。而對於大專院校的學生來說，他們也許在交際上不會存在很大的問題，可是，他們在理念上沒有把口述歷史教學作爲一種正規的教學內容來對待，而只是認爲它是一種課外活動，從而放鬆了自己在這個過程的主動性。他們更加關注的是正統的教學內容的吸收，在正式的學年論文或者畢業論文也不屑採用他們所搜集的「口述憑證」，甚至有「渾水摸魚」的跡象，這一點在實際操作過程中表現得很明顯。

　　第三，學校。來自於學校的壓力主要表現在兩個方面。首先，由於口述歷史教學的大部分內容都是在課外進行的，而且訪談會占去學生大部分的時間。因而，學校當局會懷疑這項計畫會影響學生的正規課程的學習。作爲口述歷史教學的主管教師，應該在計畫

啓動之前，向學校提出一份詳細的計畫規劃書，說明計畫的目的、操作過程，以及如何解決學校當局所擔憂的問題。總之，要盡量得到學校的諒解和支持。這樣的話，我們在尋找潛在的受訪者或資助的時候，也可以以學校的名義，畢竟以一個實體的形象出現會大大有利於計畫的順利進行。其次，學校考慮財政預算問題，會把這方面的預算砍掉，而轉向其他方面的開支。比如，隨著「狐火計畫」相繼而起的很多計畫中，一些相當被看好的期刊，就是將其費用轉向學校的暖氣供應開銷，而被迫停刊的。

　　第四，資金。儘管資金的重要性不是第一位，但是，在實際操作過程中沒有或者缺乏資金是無法進行下去的。因爲，出去採訪要花錢，購買設備要花錢，轉錄磁帶照樣要花錢。那麼如何獲得資金呢？除了學校當局的資助外，作爲教學的負責人應該多方位地尋找贊助商。可以是當地的歷史學會、博物館、圖書館、設備供應商，當然，他們的付出也需要得到報酬。所以可以與他們進行不同程度的合作。比如，在出版的期刊上，詳細地介紹設備供應商的產品，可以的話，向他們送一份期刊，或者邀請他們參加你們這個計畫的各種活動。

　　第五，如何反饋給當地社區。一般的口述歷史教學所承擔的計畫都是地方性的，因而，如何能夠擴大這個計畫的影響，很重要的一點是將搜集的資料以各種各樣的方式反饋給當地的社區。你們可以邀請計畫的受訪者以及他們的家人，參加你們的計畫討論會和總結會。至於反饋的方式，可以有很多種，目前在美國普遍流行的有出版期刊、舉辦展覽（與當地博物館合作）、拍攝記錄片、編成話劇等等。

　　上述是當前的口述歷史教學過程中亟需解決的問題。當然，除此之外，時間限制問題也十分突出，因為，口述歷史教學計畫的時間只有一個學期，充其量不過二十周。所以，在這短短的二十周內能否完成一項口述歷史計畫，即使能夠完成，其價值有多大，也是一個值得商榷的問題。很多學生和教師都認為時間短缺是他們遇到的最大問題。確實，口述歷史教學不像傳統的教學計畫，備課的重點和多少可以根據時間做不同程度的調整。而口述歷史教學不同，計畫的選題、背景研究、一般訪談技能的培訓、基本設備的操作，正式訪談、錄音帶的整理和編輯、課程的評估等等，都需要花費大量的時間。

　　口述歷史教學的魅力所在，就是可以讓學生「從

做中學習」，進而「從觀察中學習」，最後達到「從思考中學習」。口述歷史教學對於學生來說，是一項新興的事業，而他們在這個過程中卻找到了自我，實現了其自尊心、自信心和自豪感的極大滿足。因爲，他們成爲了「歷史本身的生產者」（更嚴格地說應該是一種重塑）。而對於教師來說，也是一項新興的挑戰──教學思維、教學方法和個人素質都面臨著極大的衝擊。

五、口述歷史教學在中國

　　在中國，口述史學作爲一種教育（教學）手段，正在受到越來越多相關人士和機構的關注，並且他們爲此付出了相當的努力。二○○二至二○○三年期間，筆者透過網路查詢與詢問，初步統計目前有四十個左右的機構在從事口述歷史教學與培訓工作。其地域涵蓋大陸、香港與臺灣，而機構的類型包括大學、中學、小學、博物館、社區文化中心和學術研究機構。而在大學的口述史學課程中，其專業分布也相當廣泛，包括歷史學、醫學、教育學、婦女研究、宗教學、圖書館與資訊學等等。

　　在大陸，北京大學歷史系的楊立文教授從一九九六年開始，就設置了題爲「口述史學研究」的課程。他系統地講述了「口述史學在歷史學中的地位」、「國際口述史學的發展現況」、「中國古代和現代的口述史學」、「口述史學中方法與技術問題」，以及「口述史學中的法律問題」等等內容。這一課程深受學生的歡迎。一九九八年該系劉一皋教授也開設了口述史學課程──「口述史學的理論和實踐」。更值得一提的是，二○○一年由人民教育出版社出版的《義務教育課程標準實驗教科書──中國歷史》（七、八年級）教科書中，明確地提出了應該在歷史教學中加強學生對於口述史學方法的理解與運用。

　　口述歷史教學在臺灣一些中小學和大學中也頗受重視。臺灣口述歷史教學可以追溯到一九六○年代，在一九六七至一九六九年，臺灣大學歷史系得到哈佛燕京社的資助，而進行「近現代臺灣口述歷史」計畫，聘請專家開設口述歷史課程，講述口述歷史的基本操作方法和程序，並且訪問日治時期之遺老、板橋林家、霧峰林家，可是只進行兩年就停止了。之後很長的一段時間內，臺灣各大學和中小學沒有開設口述歷史課程，只是到了九○年代，隨著「口述歷史運

動」浪潮的掀起，口述歷史教學問題也開始提到議事
日程上來。據筆者所知，目前臺灣各大學歷史系的史
學理論和方法論的課程上，都有「口述史學專題」，有
的大學當然也有單一的口述史學課程，比如中正大學
歷史系。此外，中研院近代史研究所爲口述史學的培
訓工作做了相當大的貢獻，他們舉行定期的口述歷史
研習營，爲社會各界培養口述歷史工作者，大大推動
了口述歷史教學的社會化。研習營的學員以在讀的博
士生、碩士生和本科生，以及中小學教師、地方文史
工作者居多，也有大學教師、科研人員，還有屬私人
企業性質的各地文化工作室從業人員。一九九九年八
月，他們協同臺灣有關方面舉辦了「口述歷史研習
營」；二○○○年八月，該所又舉辦了「口述歷史進階
研習營」[28]。

　　在香港，香港中文大學和香港大學歷史系開設有
相關的口述歷史課程。而真正深入社會的工作，主要
是由香港一些圖書館和地方社區文化中心舉辦的不定
期的口述歷史講座。

註　釋

[1]Barry Lanman, "The Use of Oral History in the Classroom," *Oral History Review* 17, Spring 1989, pp.223-224.

[2]Eliot Wigginton, *The Foxfire Book*, Garden City, New York, 1972, pp.9-14. 轉引自 Donald A. Ritchie, *Doing Oral History*, pp.160-161.

[3]具體內容，請參閱 Eliot Wigginton, "Introduction to The Foxfire Book," in David K. Dunaway and Willa K. Baum eds., *Oral History: An Interdisciplinary Anthology*, American Association for State and Local History, 1984, pp.374-379.

[4]具體內容，請參閱 Donald A. Ritchie, *Doing Oral History*, p.161.

[5]具體內容，請參閱 Cliff Kuhn and Rich Nixon, "Voices of Experiment: Oral History in Classroom," Spring 1997, p.23.

[6]Cliff Kuhn, "Oral History," p.5.

[7]Eliot Wigginton, *Sometimes a Shining Moment: The Foxfire Experience*, Gardern City, Doubleday, 1985.

[8]一九九九年五月二十七日美國威斯康辛大學歷史系格登教授給筆者的 E-mail 回信。

[9]有關這兩個項目的具體資訊，請訪問網站，http://www.stg.brown.edu/projects/1968/ 和 http://www.stg.edu/projects/ww2_women/。

[10]此刊物是筆者向國外介紹中國口述史學發展動態的重要窗

口，口述歷史教育家協會主席蘭曼先生為筆者提供很多方便，在此深表感謝！二〇〇三年開始更名為 Consortium of Oral History Educators。

[11]具體內容請參閱 The Association of Oral History Educators, *The Oral History Educator*, No.1, Vol.1, Fall 1999.

[12]George L. Mehaffy, Thad Sitton, and O. L. Davis, *Oral History in the Classroom, "How to Do It" Series 2*, No.8, Washington. D.C.: National Council for the Social Studies, 1979.

[13]Donald A. Ritchie. *Doing Oral History*, p.176.

[14]Barry A. Lanman and George L. Mehaffy, *Oral History in the Secondary School Classroom*, Oral History Association, 1988.

[15]William Culter and Eliot Wigginton, "Oral History as a Teaching Tool," *Oral History Review* 1, 1973; Thomas Charlton, "Oral History in Graduate Instruction," *Oral History Review* 3, 1975; Thomas Charlton, J. Mathews and John Neuenschwander, "The Use of Oral History in Teaching: A Report on the 1974 Survey," *Oral History Review* 3, 1975; J. Mathews, "Oral History in the College Classroom," *Oral History Review* 3, 1975; J. M. Humez and L. Crumpacker, "Oral History in Teaching Women's Studies," *Oral History Review* 7, 1979; Barry A. Lanman, "The Use of Oral History in the Classroom: A Comparative Analysis of the 1974 and 1987 Oral History Association Surveys," *Oral History Review* 17, 1989; J. Forrest and E. Jackson, "Get Real: Empowering the

Student through Oral History," *Oral History Review* 18, 1990; M. L. McLellan, "Case Studies in Oral History and Community Learning," *Oral History Review* 25, 1998; T. P. Fong and A. F. Kahn, "An Educational Exchange: Teaching Oral History on the Post-Secondary Level," *Oral History Review* 25, 1998; Ronald J. Grele, "Values and Methods in the Classroom Transformation of Oral History," *Oral History Review* 25, 1998.

[16]John A. Neuenschwander, *Oral History as a Teaching Approach*, Washington, D.C.: National Education Association, 1976; James Hoopes, *Oral History: An Introduction for Students*, University of North Carolina Press, 1979; Cynthia Stokes Brown, *Like It Was: A Complete Guide to Writing Oral History*, Teachers and Writers Collaborative, 1988; Rebecca Oxford, *Language Learning Strategies: Conversation Skills through Oral Histories*, HarperCollins, 1989; Frank A. Stone, *Using Oral History in Educational Studies*, New York: I.N. The World Education Center, 1989.

[17]Donald A. Ritchie, *Doing Oral History*, p.164.

[18]Alistair Thomson, *Undergraduate Life History Research Projects: Approaches, Issues, and Outcomes*, Working Report, Centre for Continuing Education, University of Sussex-Brighton, 2000.

[19]在英國和美國等現代檔案技術發達的國家，各種公司、社團和一些有威望的大族都紛紛雇傭公共歷史學家，或者培養

自己的檔案管理者,幫助撰寫歷史,當然其中最常用的方法是口述歷史訪談。

[20]Frank J. Fonsino, "Criteria for Evaluating Oral History Interviews," *The History Teacher* 2. 1980. pp.239-243. 轉引自 Donald A. Ritchie. *Doing Oral History*. p.174.

[21]Paul Thompson, *The Voice of The Past: Oral History*, p.11.

[22]Martyn Lyons. "Teaching Oral History at the University of New South Wales." *Australian Historical Association Bulletin* 62, 1990, p.48.轉引自 Alistair Thomson, *Undergraduate Life History Research Projects: Approaches, Issues, and Outcomes*, Working Report. p.19.

[23]Paul Thompson, *The Voice of The Past: Oral History*. p.9.

[24]Brian Harison. "Tape Recorders and the Teaching of History." *Oral History*. No.2. 1972. p.9. 轉引自 Alistair Thomson. *Undergraduate Life History Research Projects: Approaches, Issues, and Outcomes*. Working Report. p.20.

[25]Barry Lanman. "Oral History as an Educational Tool for Teaching Immigration and Black History in American High Schools: Finds and Queries." *International Journal of Oral History*. June 1987. pp.122-135.

[26]William Culter. "Oral History As a Teaching Tool." *Oral History Review* 1, 1973. pp.38-43. 轉引自 Donald A. Ritchie, *Doing Oral History*, p.163.

[27]Joel R. Gardner, "Using Oral History and Folklore in the Classroom," *New Jersey Folklore Society Review* 11,

Spring-Fall 1990, pp.1-16.轉引自 Donald A. Ritchie, *Doing Oral History*, p.166.

[28]具體內容，請參閱中國近代史學會編，《口述歷史研習營
　　──學員手冊》，1999 年。行政院文化建設委員會中部辦
　　公室和中央研究院近代史研究所編，《口述歷史進階研習營
　　──學員手冊》，2000 年。

第五章　閱讀篇：介紹幾本口述史學讀本

　　過去幾年裏，筆者一直從事口述史學理論的學習與研究，與美國、英國、加拿大、澳大利亞、紐西蘭、義大利、新加坡、巴西、南非、墨西哥、西班牙、阿根廷、德國、台灣和香港等地的口述歷史學家保持了頻繁而深厚的交流，透過他們涉獵了大量的口述史學著作（主要限於理論和方法）。正是在這個背景下，本章旨在介紹幾本比較優秀的口述史學讀本，希望透過對它們的介紹爲同行提供某些借鑒和參考。

　　本章在論述過程中，除了不時簡述各書的主要內容和結構之外，還會結合各書的寫作背景，對國際口述史學五十多年的發展做出某些分析和評價。需要指出的是，本章選取的讀本的作者（或主編）主要來自美國和英國，而事實上除了美國、英國和義大利之外，

其他國家和地區對於口述史學理論和方法的探討，大
都還處於探索階段[1]。具體書目如下（按照出版時間
先後排序）：

1. Paul Thompson, *The Voice of The Past: Oral History*, Second Edition, New York: Oxford University Press, 1988.《過去的聲音：口述歷史》

2. Ronald J. Grele, *Envelopes of Sound: The Art of Oral History*, Second Edition, New York: Praeger Publishers, 1991.《聲音外殼：口述歷史的藝術》

3. Eva M. McMahan and Kim Lacy Rogers eds., *Interactive Oral History Interviewing*, New Jersey: Lawrence Erlbaum Associates, Inc., Publishers, 1994.《互動式口述歷史訪談》

4. Valerie Yow Raleigh, *Recording Oral History: A Practical Guide for Social Scientist*, California: Sage Publications, 1994.《記錄口述歷史：社會科學家的實踐指南》

5. Donald A. Ritchie, *Doing Oral History*, New York: Twayne Publishers, 1995.《從事口述史學》

6.David K. Dunaway and Willa K. Baum eds., *Oral History: An Interdisciplinary Anthology*, Second Edition, California: AltaMira Press, 1996.《口述史學：跨學科文集》

7.Robert Perks and Alistair Thomson eds., *The Oral History Reader*, London: Routledge, 1997.《口述史學讀本》[2]

一、《過去的聲音：口述歷史》

　　本書作者湯普森是英國埃塞克斯大學（University of Essex）社會學教授、英國圖書館國家聲音檔案館國家生活故事收藏部的創始人，和英國口述歷史學會官方刊物——《口述史學》（*Oral History*）的創辦者[3]。

　　全書正文共九章，主要包括兩部分內容。前五章和第九章屬於理論總結，作者著重分析了口述歷史與歷史學的關係。第一章〈歷史與社區〉和第九章〈解釋：歷史的構成〉，作者以社會主義者的視角分析了口述歷史對於建構歷史（特別是普通人民群眾的歷史）的意義，正如作者指出的：「口述歷史是圍繞人民所建

構的歷史。它給歷史本身帶來了活力，拓寬了其範圍。它不僅允許英雄來自領袖，而且還允許英雄來自不被人知曉的多數平民。」[4]「口述歷史用人民自己的語言把歷史交還給了人民。它在展現過去的同時，也幫助人民自己動手建構自己的將來。」[5]這兩章也深刻反映了當時（一九七〇年代）英國歷史學界和社會學界掀起的「自下而上」的撰史運動，即歷史研究的真正對象應當是普通人民群眾，而不是傳統歷史學家筆下的上層社會的精英人物。正是在這個意義上，口述歷史成爲當代歷史學家關注弱勢群體、實現歷史重心轉移的重要武器。第二章〈歷史學家和口述歷史〉追溯了現代口述史學的淵源，並且以歷史學家使用和評價口頭證據的大量例子，論證了歷史學家與口述歷史的特殊關係。這章也從歷史的角度反映了隨著承載人類知識的媒介的演進，歷史學家所使用的研究材料的類型的不斷變化過程。第三章〈口述歷史的成就〉從經濟史、勞工史、科學史、社會史、婦女史、黑人史、政治史和文化史等方面，評價了口述歷史對於歷史學研究的意義，主要體現在提供了新的視角和開拓了新的研究領域。第四章〈證據〉透過對不同類型歷史研究證據可靠性的考察，作者從社會學、心理學角度分

析了口述歷史作爲一種歷史證據的可靠性問題，並且指出口述歷史的可靠性在於其動態性，因爲透過口述歷史有助於「人們怎樣理解過去，他們怎樣將個人經歷和社會背景相連，過去怎樣成爲現實的一部分，人們怎樣用過去解釋他們現在的生活和周圍世界」[6]。第五章〈記憶與自我〉是一九八八年再版時新增加的部分，作者分析了主體性、精神分析和懷舊療法等問題，指出口述歷史可以透過釋放記憶，獲得自我認同感，且在某種意義上達到治癒心靈和精神創傷的目的。

　　第二部分包括第六章〈計畫〉、第七章〈訪談〉和第八章〈保存和篩選〉屬於口述歷史方法論，作者考察了如何從事一項具體口述歷史計畫，主要包括如何選題、口述歷史訪談、口述歷史資料的整理與編輯、口述歷史資料的保存與篩選等等實際操作性問題。

　　此外，附錄部分還包括參考書目和作者實踐過程中總結出來的訪談提綱，參考書目有助於讀者從學術史的角度來理解口述史學的興起與發展，而訪談提綱對於那些剛剛從事口述歷史實踐的同行來說，有一定的參考價值。

　　一九七〇年代雖然是口述史學迅速發展的時期，但是當時主要是限於對口述歷史的收集與保存，

側重方法論，而很少關注口述史學本身的理論問題，因而這本書的出版有著特殊的意義[7]。格里稱它的出版是當時國際口述歷史學界的三件重大事件（還有一九七九年第一屆國際口述歷史大會的召開，和一九八〇年國際口述歷史雜誌的出版）之一[8]。一九八八年的再版和二〇〇〇年的第三版再次證明這本書在國際口述歷史學界的重要地位，這不僅說明了作者在口述歷史學界的特殊地位，更重要地反映了作者對當代口述史學理論和方法新發展的敏銳觀察和深刻把握，正是如此，使它成爲口述歷史實踐者的必讀書目。

二、《聲音外殼：口述歷史的藝術》

本書是作者格里教授二十多年來從事口述史學理論問題探討的成果，一九七五年首版，一九九一年再版，它反映了當時關於口述史學方法和手段的爭論，並且集中探討了口述史學領域的前沿問題：口述歷史訪談中蘊涵的記憶、神話、意識形態、語言、敘述學、社會性別和歷史認知問題。

格里係哥倫比亞大學歷史學教授，多年來擔任哥

倫比亞大學口述歷史研究室主任（二○○一年卸任）、
國際口述歷史雜誌和國際口述歷史年鑑主編。他對於
口述史學的貢獻主要體現在兩個方面：促進口述史學
理論問題研究的深入和推動口述史學的國際聯合[9]。

　　全書正文總共八章，前四章（即第一版）是爲一
九七三年美國歷史學家組織（Organization of American
Historians）年會口述歷史分會的召開而準備的，這一
分會主要是爲了回應口述史學、人類學、民俗學和其
他學科中應用口述證據的研究者對於訪談和轉錄程序
不準確性的疑問。第一章〈即興談話和即興創作〉是
作者與美國著名口述歷史學家特克爾的訪談，主要討
論了口述歷史的編輯、訪談和偏見等問題。第二章〈它
不是歌曲但在歌唱：關於口述歷史小組討論〉是六位
口述歷史學家在特克爾的 WFMT 電臺關於口述歷史
討論的廣播節目記錄。第三章〈口述歷史作爲詩歌〉，
作者丹尼斯‧特德洛克（Dennis Tedlock）分析了將口
頭語言轉錄爲書寫形式的問題。第四章〈沒有目標的
運動〉，作者分析了當時口述史學面臨的方法和理論問
題，他突破了一些傳統歷史學家和檔案學家將口述歷
史理解爲檔案實踐的觀念，並把口述歷史定義爲一種
「會話敘事」（conversational narrative），希望透過口

述歷史，理解埋藏於訪談中的語言模式和象徵敘述者內心世界的思想，進而揭示他們對其在歷史中扮演角色的階級感知。

　　後四章是第二版時新增加的內容，撰寫於一九七五至一九八三年間，主要反映了作者對於語言學和人類學理論的關注，即所謂的口述史學的跨學科性思考。第五章〈一種可推測的多樣性：跨學科性和口述歷史〉是《美國季刊》（*American Quarterly*）主編要求作者撰寫的關於口述歷史跨學科參考書目的論文。因為作者把口述歷史理解為一種「會話敘事」，而語言學在「會話敘事」問題研究中扮演著至關重要的角色。正是如此，作者嘗試探討了口述歷史與語言學的關係，並以此為基礎打開了口述史學跨學科（口述歷史與人類學、民俗學、醫學、記憶等）研究的嶄新局面。第六章〈超過三十歲的人能相信嗎？關於口述歷史的友好批評〉寫於一九七八年，正值哥倫比亞大學口述歷史研究室三十周年之際，作者全面回顧了美國口述史學三十年的發展，在充分肯定其成果的基礎上，作者異常冷靜、深刻地反思了口述史學發展過程中存在的深層次問題（歷史記憶、會話的語言和認知結構等等）。第七章〈傾聽他們的聲音：口述歷史訪談解釋的

兩個個案研究〉是作者主持紐約城市學院口述歷史研究計畫（New York City College Oral History Research Project）進而研究的結果。作者旨在探求訪談中展現的特定的歷史視野、概述訪談的結構、思索這種視野的結果和結構，並且向我們說明口述歷史如何幫助我們理解受訪者以及他們的歷史視野；如何理解訪談作為一種歷史敘事和這種敘事的深層次含義。第八章〈私人記憶與公共表述：口述歷史的藝術〉探討了口述歷史新的關注點，比如敘述模式、會話分析、意識形態、主觀性、訪談者和敘述者關係、口述歷史中的歷史表述、歷史學家與研究資料關係等等。這篇文章反映了作者對於「會話敘事」關注焦點的轉移，他認為不僅要研究「會話」背後隱藏著的意識形態，更要關注口述歷史的公共表述（public representation）。

　　本書中的文章撰寫於一九七〇至八〇年代，修改於九〇年代初，作者對口述史學性質的分析，深刻地反映了當時美國口述史學（乃至國際口述歷史學界）的巨大轉折，這一轉折主要體現在作者將口述歷史理解為一種「會話敘事」，因而突破了長期以來將口述歷史作為一種檔案實踐的固有觀念。正如作者指出的：「這是一本關於歷史會話的書，我們把它定義為會話

敘事。它探討了會話敘事的形成、理解和解釋，以及歷史學家在口述歷史訪談中扮演的角色。口述歷史的重要性不在於保存了過去發生的事情，而是今天的我們對於過去的理解與解釋。」[10]

三、《互動式口述歷史訪談》

這是一部關於口述歷史訪談的跨學科文集，作者除了口述歷史學家之外，還有心理學家、人類學家、女性主義研究者、語言學家和攝影師，他們主要從各自實際訪談的經歷出發，來考察口述歷史訪談的「互動式」特徵，正如兩位編者伊娃・麥克馬漢（Eva M. McMahan）和吉米・羅傑斯（Kim Lacy Rogers）在序言中所說的，本書旨在「揭開影響口述歷史訪談的稠密的互動式過程」。

對於什麼是「互動式訪談」，雖然各有主張，不過比較好的定義是人類學家朱迪斯・莫德爾（Judith Modell）和攝影師查理・布羅德斯基（Charlee Brodsky）的觀點，他們認為：「互動式訪談是指訪談者和受訪者之間的互動關係，一種會話的、開放的或者是結構鬆

散的模式，其中會話中特別強調平等交換意見，平等
交換意見是後續分析的重要方面。」[11]

　　全書正文總共八章，作者們從不同的視角展示了
口述歷史訪談的複雜性和互動性。

　　第一章〈口述歷史訪談中的歷史和歷史語言：誰
回答誰的問題和爲什麼？〉，格里提出了訪談中的權力
關係，把訪談描述爲「爭取解釋權的舞臺」。他主要從
口述歷史訪談中出現的記憶、意識、意義和意識形態
等問題出發，來考察訪談中訪談者和受訪者之間的互
動關係，並試圖尋找一條實現雙方精誠合作的道路。

　　第二章〈重建歷史：縮影的形象〉分析了口述歷
史訪談中自我構建（self- construction）的過程，即敘
述者有可能故意操縱自己的回憶來重建他們期望的個
人歷史，以尋求自己存在的合理性和認同感。

　　第三章〈創傷恢復：社會暴力的敘事構建〉，羅
傑斯透過與一九六〇年代非裔美國民權運動積極參與
者的訪談的敘述結構的分析，闡明了敘述者如何將他
們自己受創傷的經歷，與民權運動中個人的發展與成
就這一更大的背景協調的過程，即如何賦予記憶以現
實意義。

　　第四章〈口述歷史訪談的社會心理學方面〉，霍

華德‧塞普赫（Howard E. Sypher）、瑪麗‧哈梅（Mary
Lee Hummer）和謝樂爾‧威廉斯（Sheryl L. Williams）
基於對一本相關的社會心理學研究著作的評論，他們
論述了有選擇的、有組織的個人記憶如何影響口述歷
史訪談。

　　第五章〈解釋女性主觀性的複雜性〉，蘇珊‧蔡
斯（Susan E. Chase）和科利恩‧貝爾（Colleen S. Bell）
借用女性主義理論，考察了女性主義口述歷史的特殊
性。

　　第六章〈相互主觀性和訪談〉，阿蘭‧福特雷爾
（Allan W. Futrell）和查爾斯‧威拉德（Charles A.
Willard）透過把「交際」定義為「社會自我和位置的
創造和協調」，仔細分析了「訪談的相互主觀性」，而
這種相互主觀性來源於受訪者和訪談者之間協調的結
果。

　　第七章〈聲音的暴動：互動式口述歷史訪談中的
種族和族裔變數〉，阿瑟‧漢森（Arthur A. Hansen）考
察了訪談中的種族和族裔因素差異，正是如此，作者
提醒訪談者應該切實注意跨文化交際中的諸多差異。

　　第八章〈想像的荷姆斯泰德：在訪談中使用照片〉
（荷姆斯泰德係美國賓夕法尼亞州著名鋼鐵城），莫德

爾和布羅德斯基把互動式訪談看成是創造個人和公共
記憶的手段，主要分析了照片在訪談中的作用，並把
它描述爲訪談者和敘述者交際間的「第三種聲音」。

　　事實上本書是繼格里的《聲音外殼》之後，對口
述歷史作爲一種「會話敘事」和「互動式過程」的又
一有益探索，它融合了語言學、人類學、心理學、老
年醫學、傳播學、女性主義、民族學和社會學等相關
學科的理論，考察了影響口述歷史訪談的諸多因素，
並在此基礎上分析了訪談者和受訪者在訪談中各自扮
演的角色。隨著口述歷史的跨學科化，口述歷史不再
被認爲是一種單純的保存「過去的聲音」的手段，而
成爲聯繫訪談者和受訪者、過去與現在並造成互動的
橋梁。

四、《記錄口述歷史：社會科學家的 實踐指南》

　　這是一本主要針對那些執行深度訪談的歷史學
家和社會科學家的實踐性指導手冊。作者拉雷海是一
位獨立學者和精神治療醫師，多年來積極從事美國口

述歷史協會的各種活動，並扮演著重要的角色，目前擔任《口述歷史評論》書評主編。

　　《記錄口述歷史》是作者多年來實踐經驗的總結，此外，它還反映了作者對相關學科理論和方法的關注，這從書中她對相關著作的分析可以看出。全書正文主要包括兩部分內容：一項口述歷史專案的基本程序和口述歷史的跨學科應用。第一章是關於深度訪談前言性論述：包括口述歷史的歷史、定義、特徵以及深度訪談的定性和定量研究。在第二、三、四、五、九章中，作者以一項口述歷史專案的基本程序爲順序，分析了口述歷史訪談（準備、執行和結束訪談）、口述歷史的整理和編輯（轉錄、校對、索引）、口述歷史的傳播，以及口述歷史的法律和道德考量。作者在這部分借用了相關學科的理論，深刻地分析了影響口述歷史訪談的諸多因素：種族、民族、年齡、族裔、性別、社會地位、職業等等。第六到第八章，她考察了口述歷史的跨學科應用，包括社區研究、傳記和家庭研究。附錄部分收錄了美國口述歷史協會標準和原則、口述歷史評估指南和相關表格（訪談指南、訪談索引、訪談登記、訪談協定、法律授權書等等）範例。

　　本書的寫作風格非常適合於閱讀，作者以小專題

的形式逐一分析，並且在每章結束部分，以最簡練的
話總結這一章的主要內容，還附錄了詳細的註釋和相
關的參考書目，這對於初學者來說是非常有幫助的。
正是這個特點，這本書在美國成為很多大學裏與訪談
有關的課程的必讀書目[12]。

五、《從事口述史學》

　　這是一本關於口述史學理論、方法和實踐的力作
[13]。作者里奇係美國參議院歷史辦公室（United States
Senate Historical Office）特約歷史學家，曾任美國口
述歷史協會主席，Twayne 口述歷史系列）主編。

　　全書正文總共八章。第一章是關於口述史學的概
述，作者在闡述什麼是口述歷史和回顧口述史學發展
歷程的基礎上，回答了涉及口述歷史的一些關鍵性問
題：比如，口述歷史作為歷史證據的可靠性、口述歷
史與公共歷史學的關係、人類記憶的脆弱性，以及訪
談者在訪談中的合適角色和態度。在接下去的第二至
六章中，作者就以下問題提出了參考性意見：如何設
計一項口述歷史計畫、執行訪談、如何在研究和撰述

中使用口述歷史、口述歷史錄影、口述歷史保存。

　　第七章是本書的重點內容，即口述歷史教學。由於口述歷史教學在美國的中小學和大學以及研究所中都非常流行，因而作者以相當的篇幅解釋了中小學和大學口述史學教學的區別。而且，在具體論述時，作者詳細地分析了教學過程中出現的各種問題，包括在學校開展口述歷史專案如何獲得資助，教學人員如何提高自己，如何設置大學口述史學課程等等。

　　第八章作者具體地論述了口述歷史的特殊用途，即如何展現口述歷史。作者分析了口述史學在社區歷史、家族歷史、博物館展覽會、廣播電臺、舞臺等方面的應用。

　　附錄部分收錄了美國口述歷史協會標準和原則、口述歷史評估指南、相關表格範例以及豐富的按照分類歸納好的參考書目（極具參考價值）。

　　本書的最大特點是在行文結構上，作者採用了一問一答（question-and-answer）的對話形式。本書針對當今口述歷史的實踐及人們所關注的焦點提出了一系列的問題，並做出回答。這種問答並不是簡單的陳述，而是讀者與作者之間的對話。更貼切些說，也就是一種口述歷史訪談的方式，而此書就像一份經過整理的

口述歷史訪談抄本。在這個「訪談」中，作者承擔受
訪者的身分，而讀者扮演的是訪問者的角色，只不過
讀者的這些問題是由作者在實踐操作過程中總結出來
的。作者之所以採用這種形式，充分地體現了作者對
於口述史學把握的準確性，也體現了其做學問的謙虛
精神。因爲，作者不想以審判官的口吻來告訴大家應
該怎樣從事口述史學。正如作者在序言中所說的：「進
行口述歷史研究實踐的方法不是唯一的，有時非正統
的方法也會十分奏效。原則和標準的設立自有它的道
理，但每一準則都有例外。口述歷史學家歡迎創新和
想像。本書致力於幫助訪問者仔細思考他們現在所做
的事，然後弄清可能出現的結果，而不是使每個訪問
者千篇一律、墨守成規地去做。」[14]

　　本書從一九九五年出版以來，一直是口述史學研
究者的經典讀本，其中文繁體版在臺灣廣受歡迎。美
國著名口述歷史學家格拉克曾給予很高的評價：「它爲
當代口述歷史研究人員提供了實踐性建議和合理性解
釋。這本書幾近口述史學研究領域的百科全書。」[15]

六、《口述史學：跨學科文集》

　　本書首版於一九八四年，它的問世是當時國際口述歷史學界的一件大事，因爲它不僅探討了口述歷史的方法論，且以很大的篇幅考察了口述歷史的跨學科應用和口述歷史教學問題。以其內容全面性和跨學科性爲特徵，它是一九八四年之前出版的口述史學論著中最權威的（當然至今仍是一本口述史學經典讀本）。

　　主編之一杜納威是電臺製片人，係美國新墨西哥大學（University of New Mexico）英語系教授，開設口述歷史、傳記、民俗學和媒體研究等課程，他以倡導口述歷史與媒體的交流而聞名於口述歷史學界。另一主編威拉・鮑姆（Willa K. Baum）係加利福尼亞大學柏克萊分校地方口述歷史辦公室（Regional Oral History Office）主任，她是美國口述歷史協會的發起成員之一，以倡導口述歷史與圖書館的聯合聞名。

　　正如編者所說，爲了反映一九八〇至九〇年代口述史學的變化和出於篇幅的限制，在一九九六年新版中增加了新的材料，也刪除了一些相關論文。文集從

六個部分減爲五個部分，一九八四年版的第五部分〈口述歷史與學校〉和第六部分〈口述歷史與圖書館〉被刪除。而新版的第五部分爲〈口述歷史在其他地區〉，杜納威說增加這部分是爲了擴大文集的國際眼界，以促進口述史學的國際交流。爲了這部分，主編專門邀請了國際上著名的口述歷史學家，撰寫有關他們國家和地區（包括墨西哥和加勒比地區、英國、德國、法國、義大利和拉丁美洲）的口述史學開展情況 [16]。新版的第一部分到第四部分的主題與第一版沒有變化，只有個別論文的刪除與增加，其主題分別爲〈口述歷史之門〉、〈解釋和設計口述歷史〉、〈口述史學應用：地方史、族裔史、家庭史和婦女史〉，和〈口述史學和相關學科：民俗學、人類學、媒體和圖書館學〉。

　　從題目可以看出，本書的最大特點是爲了展示口述歷史的跨學科（interdisciplinarity）特徵，這從第三和第四部分可以得到充分的體現，它們的篇幅占全書的 40%左右。一九九六年再版時，杜納威更是強調了這一特徵，在前言〈口述歷史的跨學科性〉，以相當的篇幅概括地分析了口述歷史的跨學科應用（人類學、教育學、族裔研究、人種史學、美國研究、民俗學、老年醫學、法律研究、文學史、媒體研究、社會學、

社區研究、婦女和社會性別研究)，並且以豐富的註釋
回顧了這些領域的研究成果，這篇序言是新版的精華。

　　遺憾的是，筆者覺得文集中論文的成文年代過於
久遠，它們大部分撰寫於一九七〇年代[17]。這倒不是
說年代久遠不好，而是因為到一九九六年再版時，口
述史學領域關於這些問題的探討已經有很多成果，所
以沒有必要再重複一九八四年版的大部分內容[18]。

七、《口述史學讀本》

　　本書可謂英國版的《口述歷史：跨學科文集》。
主編羅伯‧帕克斯係英國圖書館國家聲音檔案館口述
歷史館長、國家生活故事收藏部主任、英國口述歷史
學會秘書長。另一主編湯姆森係英國蘇塞克斯大學繼
續教育中心講師，教授口述歷史和生活史課程，曾擔
任國際口述歷史協會副主席。

　　《口述史學讀本》是一本關於口述歷史理論、方
法和應用的關鍵著述的國際性文集，作者來自北美、
歐洲、澳大利亞、非洲和拉丁美洲。它分五個專題詳
細考察了口述史學的理論和實踐，以及口述史學五十

年來的關鍵性爭論：訪談方法的相關問題、道德爭論和賦權政治學（politics of empowerment）、記憶解釋的分析策略，以及檔案和公共歷史。本書在行文結構上值得一提的是，在每一部分的開始都有主編的前言性論述，包括對每一篇論文的背景介紹和簡短評價，這為讀者的閱讀提供某種參考維度。

此書出版以來，廣受好評，在英國是繼湯普森的《過去的聲音：口述歷史》的又一口述史學佳作。湯普森稱其為「未來口述史學學生的關鍵性資源」。格里認為，「它是目前為止用英語撰寫的最為全面和最有價值的口述歷史文集。」里奇的評價最為準確地反映了此書的特徵，它是「國際性的、跨學科性的和不可缺少的」[19]。它不僅得到口述歷史學界同行的認可，而且深受其他學科雜誌（比如 *Museums Journal, Family and Community History, Ageing and Society*）的高度評價，由此也足見此書的跨學科關懷[20]。

綜上所述，對於上述七本口述史學讀本的介紹，不在於說明哪本是最好的，因為各自有其優勢和特點。一般而言，《過去的聲音》、《聲音外殼》、《互動式口述歷史訪談》、《口述史學：跨學科文集》和《口述

史學讀本》側重於口述史學理論的分析，它們比較適
合於那些對口述史學深層次理論感興趣的讀者。而《記
錄口述歷史》和《從事口述史學》主要側重於口述史
學實踐操作，雖然也非常關注理論問題，它們比較適
合於運用口述歷史進行訪談和收集資料的讀者使用。

　　最後需要指出的，本文不是一篇嚴格意義上的組
合書評，因爲筆者並沒有對書中的觀點進行深刻的分
析和評價，而旨在透過對它們的介紹，藉此瞭解國際
口述史學的歷史、現時發展及其主要關注點。

註　釋

[1]代表義大利口述史學理論研究最高水準的是波特利先生和路易薩・帕薩里尼（Luisa Passerini）女士，代表作分別為：Alessandro Portelli, *The Death of Luigi Trastulli and Other Stories: Form and Meaning in Oral History*, Albany: SUNY Press. 1991; Alessandro Portelli, *The Battle of Valle Giulia: Oral History and The Art of Dialogue*, Wisconsin: The University of Wisconsin Press, 1997; Luisa Passerini, *Fascism in Popular Memory*, Cambridge: Cambridge University Press, 1987.

[2]關於理論和方法的優秀口述史學讀本還有 Barbara Allen and Lynwood Montell, F*rom Memory to History: Using Oral Sources in Local History Research*, Nashville: American Association for State and Local History,1981; Willa K. Baum, *Oral History for the Local Historical Society*, Nashville: American Association for State and Local History, 1987 and 1995; Trevor Lummis, *Listening to History: The Authenticity of Oral Evidence*, Hutchinson, 1987; Eva M. McMahan, *Elite Oral History Discourse: A Study of Cooperation and Coherence*, Tuscaloosa: The University of Alabama Press, 1989; Michael Frisch, *A Shared Authority: Essays on the Craft and Meaning of Oral History and Public History*, Albany: SUNY Press, 1990; Sherna Gluck and Daphne Patai eds., *Women's Words: The*

Feminist Practice of Oral History, Routledge: New York and London, 1991: Laurie Mercier and Madeline Buckendorf, *Using Oral History in Community History Projects*, Oral History Association. 1992; Everett E. Stephen, *Oral History: Techniques and Procedures*, Washington, D.C.: Center of Military History, 1992; Megan Hutching, *Talking History: A Short Guide to Oral History*, Wellington: Department of Internal Affairs, 1993; Beth M. Robertson, *Oral History Handbook*, Oral History Association of Australia, 1997; Department of Oral History, *Oral History Interview Guideline*, Washington. D.C.: United States Holocaust Memorial Museum. 1998; *Giving Voice: Practical Guidelines for Implementing Oral Testimony Projects*, London: Panos Oral Testimony Programme, Panos Institute. 1999;《口述歷史研習營學員手冊》,臺北,中國近代史學會,1999 年。《口述歷史進階研習營》,臺北,行政院文化建設委員會中部辦公室和中央研究院近代史研究所,2000 年。肯‧霍爾斯,《口述歷史》。

[3]此書於一九七八年首次出版,一九八八年再版,二〇〇〇年第三次出版。中文版由遼寧教育出版社於二〇〇一年三月出版。英國圖書館國家聲音檔案館是世界上最大的聲音檔案館之一,目前已經成為英國口述歷史的收藏中心,它不僅開展一系列的口述歷史專案,而且舉行各種各樣的培訓班,講授口述史學理論和方法問題。口述歷史學會成立於一九七三年,是一個致力於推動口述歷史收集和保存以及研究口述史學自身理論和方法問題的國家性和國際性組織。其官方網

站：http://www.oralhistory.org.uk。

[4]Paul Thompson, *The Voice of The Past: Oral History*, p.21.

[5]Paul Thompson, *The Voice of The Past: Oral History*, p.265.

[6]Michael Frisch, *A Shared Authority: Essays on the Craft and Meaning of Oral History and Public History*, p.188.

[7]一九七〇年代出版的口述史學方法論著作有：Ramon I. Harris and Joseph H. Cash, *The Practice of Oral History: A Handbook*, New Jersey: Microfilming Corporation of America, 1975; Caudill B. Orley, *The Spoken Word: A Manual for Oral Historians*. Hattiesburg, Miss.: Caudill, 1975; Barbara Pomeroy, *Transcribing without Tears: A Guide to Transcribing and Editing Oral History Interviews*. Washington, D.C.: George Washington University Library, 1976; David Kay Strate, *The Process of Oral History: A Handbook of Methodology*, Kansas: Cultural Heritage and Arts Center, 1976; Davis Cullom, Kathryn Back and Kay Maclean, *Oral History: From Tape to Type*. Chicago, American Library Association, 1977; Willa K. Baum, *Transcribing and Editing Oral History*, Nashville: American Association for State and Local History. 1977。

[8]Ronald J. Grele, *Envelopes of Sound: The Art of Oral History*, Preface to the Second edition, xvii-xviii.

[9]關於格里的口述史學理論觀，請參閱 Richard Candida Smith, "Ronald Grele on the Role Theory in Oral History," *Oral History Review*, Vol.21, No.2, Winter 1993, pp.99-103.

[10]Ronald J. Grele, *Envelopes of Sound: The Art of Oral History*,

Preface to the Second Edition, xv.

[11]Eva M. McMahan and Kim Lacy Rogers eds., *Interactive Oral History Interviewing*, p.142.

[12]關於本書的其他評論，請參閱 *Oral History*, Vol. 23, No. 2, Winter 1996. Brian Roberts, *Biographical Research*, Buckingham: Open University Press, 2002.（拉雷海先生給筆者的 E-mail 回信，二○○二年一月二十五日。）

[13]中文繁體版由臺灣遠流出版公司於一九九七年三月出版，題目翻譯為《大家來做口述歷史》，譯者為臺灣輔仁大學歷史系王芝芝教授。本書於二○○三年再版，大部分內容將保持不變，作者在新版中主要增加兩部分內容：數位革命對口述史學的影響和過去幾年來這一領域的新的研究成果（里奇先生給筆者的 E-mail 回信，二○○二年二月九日）。

[14]Donald A. Ritchie, *Doing Oral History*, Introduction and Acknowledgements, xiii.

[15]Sherna Gluck, "Doing Oral History (review)," *The History Teacher*, Vol. 29, February 1996.

[16]自一九七九年國際口述歷史協會創建以來，活動的重心一直在歐美地區。一九九八、二○○○、二○○二年國際口述歷史會議在巴西、土耳其和南非的召開，意味著口述史學的真正國際化，但是亞洲、非洲、拉丁美洲口述史學的發展還面臨很多挑戰。需要指出的是，作為口述史學發展的重鎮，加拿大、澳大利亞和紐西蘭的口述史學開展情況為什麼沒有在此書得到體現？

[17]據筆者統計，在三十一篇論文中，六○年代的占三篇，七

○年代占十七篇，八○年代占四篇，九○年代占七篇（主要分布在第五部分）。

[18]關於本書的其他評論，請參閱 Paul Atkinson, "Oral History: An Interdisciplinary Anthology(review)", *Sociology*, Vol.33, February 1999, pp.191-197.

[19]Robert Perks and Alistair Thomson eds., *The Oral History Reader*, cover page.

[20]關於它們的評論，詳細參閱此書出版公司 Routledge 網站：http://www.routledge.c，搜索作者或書名，便能找到。

參考書目

　　以下列出的參考文獻包括論文（英文論文數量眾多，不再羅列）、專著、口述史學期刊與網路資訊，這些對於剛剛從事口述史學研究的工作者來說，是一個全面瞭解口述史學的極好資源——不僅可以瞭解到口述史學的發展歷程和現狀，而且爲口述歷史專案的選題提供了線索。

一、中文專著

中國近代史學會編，《口述歷史研習營——學員手冊》，臺北，1999 年。

文強口述，劉延明撰寫，《文強口述自傳》，北京，中國社會科學出版社，2003 年。

田曉文，《唯物史觀與歷史研究——西方心智學》，天

津，天津社會科學院出版社，1992 年。

李小江，《讓女人自己說話：文化尋蹤》，北京，三聯
　　書店，2003 年。

李小江，《讓女人自己說話：民族敘事》，北京，三聯
　　書店，2003 年。

李小江，《讓女人自己說話：親歷戰爭》，北京，三聯
　　書店，2003 年。

李小江，《讓女人自己說話：獨立的歷程》，北京，三
　　聯書店，2003 年。

李宗仁口述，唐德剛撰寫，《李宗仁回憶錄》，南寧，
　　廣西人民出版社，1988 年。

杜芳琴主編，《大山的女兒、經驗、心聲和需求──山
　　區婦女口述》（華北卷），貴陽，貴州民族出版社，
　　1998 年。

定宜莊，《最後的記憶》，北京，中國廣播電視出版社，
　　1999 年。

和鍾華主編，《大山的女兒，經驗、心聲和需求──山
　　區婦女口述》（西南卷），貴陽，貴州民族出版社，
　　1998 年。

侯波、徐肖冰口述，劉明銀整理，《帶翅膀的攝影機──
　　侯波、徐肖冰口述回憶錄》，北京，北京大學出版

社，1999 年。

保爾・湯普遜，《過去的聲音——口述史》，瀋陽，遼
　　寧教育出版社，2000 年。

約翰・邁爾斯・弗里著，朝戈金譯，《口頭詩學，帕里一
　　洛德理論》，北京，社會科學文獻出版社，2000
　　年。

浩然口述，《我的人生——浩然口述自傳》，華藝出版
　　社，2000 年 10 月。

唐德剛譯註，《胡適口述自傳》，上海，華東師範大學
　　出版社，1993 年。

唐德剛訪錄，王書君著述，《張學良世紀傳奇》（口述
　　實錄），濟南，山東友誼出版社，2002 年。

張曉，《西江苗族婦女口述史研究》，貴陽，貴州人民
　　出版社，1997 年。

張辛欣、桑曄，《北京人，一百個普通人的自述》，上
　　海，上海文藝出版社，1986 年。

游鑒明，《傾聽她們的聲音，女性口述歷史的方法與口
　　述史料的運用》，臺北，左岸文化事業有限公司，
　　2002 年。

朝戈金，《口傳史詩詩學：冉皮勒〈江格爾〉程式句法
　　研究》，南寧，廣西人民出版社，2000 年。

馮驥才，《一百個人的十年》，南京，江蘇文藝出版社，
　　1991 年。

黃藥眠口述，蔡徹撰寫，《黃藥眠口述自傳》，北京，
　　中國社會科學出版社，2003 年。

肯・霍爾斯著，陳英譯，《口述歷史》，臺北，播種者
　　文化有限公司，2003 年。

彭衛、孟慶順，《歷史學的視野——當代史學方法概
　　述》，西安，陝西人民出版社，1987 年（其中第
　　五章爲〈歷史的回聲——口碑史學〉）。

舒蕪口述，許福蘆撰寫，《舒蕪口述自傳》，北京，中
　　國社會科學出版社，2002 年。

斯特茲・特克爾，《美國夢尋，一百個美國人的一百個
　　美國夢》，海口，海南出版社，1999 年。

楊立文主編，《創造平等——中國西北女童教育口述
　　史》，北京，民族出版社，1995 年。

楊豫、胡成，《歷史學的思想和方法》，南京，南京大
　　學出版社，1996 年（其中第七章爲〈口述史〉）。

臺灣行政院文化建設委員會中部辦公室和中央研究院
　　近代史研究所編，《口述歷史進階研習營》，臺北，
　　2000 年。

臺灣中央研究院近代史研究所編，《口述歷史叢書書

目》，臺北，1999 年 2 月。

蕭乾口述，傅光明採訪整理，《風雨平生——蕭乾口述
　　自傳》，北京，北京大學出版社，1999 年。

冀朝鑄口述，蘇爲群採訪整理，《從「洋娃娃」到外交
　　官——冀朝鑄口述回憶錄》，北京，北京大學出版
　　社，2000 年。

二、中文論文

于曉靜，〈口述檔案、電子文件及新的檔案觀〉，《檔
　　案》，2000 年第 2 期。

《口述史》，〈現代外國哲學社會科學文摘〉，1982 年
　　第 11 期。

王儉秋，〈口述檔案開發之我見〉，《蘭台世界》，1999
　　年第 10 期。

王立維、侯甫芳，〈「口述檔案」一個值得商榷的概念〉，
　　《蘭台世界》，1998 年第 7 期。

王昱峰，〈還口述與歷史〉，《當代》（臺北），第 125
　　期，1998 年。

王茂躍，〈關於口述檔案概念的困惑〉，《山西檔案》，
　　1998 年第 6 期。

王茂躍，〈口述檔案是檔案嗎〉，《檔案管理》，2000 年

第 5 期。

王茂躍，〈口述檔案概念異議——從一份口述記錄說
　　起〉，《檔案》，2000 年第 6 期。

王明珂，〈誰的歷史，自傳、傳記與口述歷史的社會記
　　憶本質〉，《思與言》，第 34 卷第 3 期，1996 年。

王明珂，〈歷史事實、歷史記憶與歷史心性〉，《歷史研
　　究》，2001 年第 5 期。

王明珂，〈史料的社會意義〉，《近代中國》，第 143 期，
　　2001 年。

王治能，〈口述檔案，檔案工作的新領域——我們的作
　　法和體會〉，《中國檔案》，1995 年第 4 期。

王治能，〈論收集無文字少數民族口述檔案〉，《檔案學
　　研究》，1997 年第 2 期。

卞鳳奎，〈口述歷史重要性及其方法，兼述臺北市文獻
　　委員會口述歷史工作方向〉，《臺北文獻》直字
　　118，1996 年。

布魯斯·斯蒂文，〈中國口述史學的調查〉，《當代中國
　　史研究》，1998 年第 1 期。

田尙秀，〈唐德剛與口述歷史〉，北京檔案館業務論文，
　　2002 年，來自北京檔案館網站。

朱鎮波，〈新加坡的口述歷史學中心簡介〉，《國外社會

《科學》，1995 年第 2 期。

多蘿苔・維爾琳，〈口述史與婦女歷史研究，來自德國的經驗〉，《陝西師範大學學報》（哲社版），1998 年第 4 期。

曲彥斌，〈略論口述史學與民俗學方法論的關聯——民俗學視野的口述史學〉，《社會科學戰線》，2003 年第 4 期。

吳品才，〈口述檔案的啟示〉，《檔案學研究》，1995 年第 4 期。

初雪，〈口述史學與民俗學基本理論管窺——性質、對象、目的、方法比較〉，《國外社會科學》，1997 年第 1 期。

李財富、張順濤，〈口述檔案與歷史研究〉，《檔案》，1998 年第 2 期。

李放春、李猛，〈集體記憶與社會認同——口述史和傳記在社會與歷史研究中的運用〉，北京大學社會學系《社會理論論壇》，1997 年第 1 期。

李南星，〈談口述檔案與搶救「活檔案」〉，《檔案學通訊》，1998 年第 1 期。

李小江，〈女性的歷史記憶與口述方法〉，《光明日報》，2002 年 8 月 16 日。

李揚新,〈「口述檔案」爭議的實質及啓示〉,《檔案》,
　　2000 年第 3 期。

呂芳上、吳淑瑛,〈口述歷史在臺灣的發展,背景、演
　　變和檢討〉,《近代中國》,第 149 期,2002 年。

呂芳上,〈關於口述歷史二三事〉,《近代中國》,第 149
　　期,2002 年。

沈固朝,〈與人民共寫歷史——西方口述史的發展特點
　　及對我們的啓發〉,《史學理論研究》,1995 年第 2
　　期。

沈固朝,〈檔案工作要重視口述資料的搜集〉,《檔案學
　　通訊》,1995 年第 6 期。

沈懷玉,〈口述訪問稿與資料的整理〉,《近代中國》,
　　第 149 期,2002 年。

沈雲龍,〈口述歷史與傳記文學〉,《傳記文學》(臺
　　北),第 2 卷第 5 期,1963 年。

宋瑞芝,〈口述史學在史學研究中的功用〉,《史學理論
　　研究》,1996 年第 2 期。

宋學勤,〈時代呼喚著口述史學〉,《雲夢學刊》,2001
　　年第 5 期。

宛志亮,〈「口述檔案」若干問題辨析〉,《檔案》,1999
　　年第 5 期。

承載，〈臺灣地區的口述歷史〉，《檔案與史學》，2001
　　年第 2 期。

周華山，〈女性主義田野研究的方法學反思〉，《社會學
　　研究》，2001 年第 5 期。8

岳瓏，〈試論口述歷史研究的功用與難點〉，《西北大學
　　學報》，1998 年第 1 期。

呼延華、康慨，〈口述圖書先行一步，口述史學研究相
　　對滯後〉，《中華讀書報》，1999 年 5 月 19 日。

屈雅君，〈婦女口述史國際學術研討會評述〉，《陝西師
　　範大學學報》（哲社版），1998 年第 4 期。

約翰・邁爾斯・弗里著，朝戈金譯，〈口頭程序理論，
　　口頭傳統研究概述〉，《民族文學研究》，1997 年
　　第 1 期。

約翰・托什，〈口述的歷史〉，《史學理論》，1987 年第
　　4 期。

洪蔚，〈口述自傳應該怎麼讀〉，《科學時報》，2002 年
　　8 月 2 日。

侯成德，〈美國口碑史料學三十年〉，《世界史研究動
　　態》，1981 年第 9 期。

胡國台，〈評 Paul Thompson 著 *The Voice of The Past:
　　Oral History*〉，《口述歷史》（臺北），第 1 期，1989

年。

胡鴻保、定宜莊，〈口述與文獻的融通：滿族史研究新
　　體驗── 和定宜莊博士對話〉，《黑龍江民族叢
　　刊》，1999 年第 3 期。

徐雁平，〈口述歷史，從唐德剛說起〉，《光明網》博覽
　　群書，1999 年 5 月。

陳存恭，〈口述歷史與民初政軍史研究〉，《口述歷史研
　　習營》，1999 年。

陳三井，〈口述歷史的理論及史料價值〉，《當代》，第
　　125 期，1998 年。

陳三井，〈口述史料的採集及其價值〉，《史學與文獻》
　　（臺北），1998 年。

陳秀慧，〈「創造資訊」的圖書館，口述歷史之應用〉，
　　《圖書與資訊學刊》，第 30 期，1999 年。

高琴，〈民族志和口述史的內在類同〉，《民俗研究》，
　　2001 年第 1 期。

高淑媛，〈口述資料整理的藝術〉，《宜蘭文獻雜誌》，
　　第 30 期，1997 年。

海德，M.，〈哲學詮釋學和經歷的交流── 口述歷史的
　　範型〉，《國外社會科學》，1981 年第 1 期。

庫勃娃、米鎮波，〈關於國外口述史學的研究狀況〉，《光

明日報》，1994 年 8 月 15 日。

馬軍，〈吳國楨口述回憶對上海史研究的價值和啓示〉，《史林》，2001 年第 1 期。

莫易編譯，〈非洲塞內加爾的口述檔案〉，《中國檔案》，1994 年第 9 期。

唐德剛，〈歷史是怎樣口述的〉，載《胡適雜憶》，臺北，傳記文學出版社，1987 年。

唐德剛，〈回憶胡適之先生與口述歷史〉，載《胡適雜憶》，臺北，傳記文學出版社，1987 年。

唐德剛，〈文學與口述歷史〉，載《書緣與人緣》，瀋陽，遼寧教育出版社，1998 年。

許雪姬，〈口述歷史的理論與實務〉，《宜蘭文獻雜誌》，第 30 期，1997 年。

許雪姬，〈臺灣口述史的成果與評估〉，《口述歷史研習營》，1999 年。

許雪姬，〈近年來臺灣口述史的評估與反省〉，《口述歷史進階研習營》，2000 年。

張玉法，〈新聞與口述歷史〉，《口述歷史進階研習營》，2000 年。

張玉榮，〈不容忽視的口述檔案和口述檔案工作〉，《檔案》，2000 年第 4 期。

張中訓，〈口述歷史的迷思——臨溪經驗談〉，《史學與文獻（二）》（臺北），1998年。

張中訓，〈口述歷史理論與實務初探——以臨溪社區錄音訪談爲例〉，《東吳歷史學報》，2000年。

程大學，〈口述歷史之理論與實際〉，《臺灣文獻》，第38卷第3期，1987年。

程歗，〈社區精英群的聯合和行動——對梨園屯一段口述史料的解說〉，《歷史研究》，2001年第1期。

程歗，〈口述史三題，怎樣採集和解讀〉，《河北學刊》，2002年第1期。

傅光明，〈「口述史」未必是信史〉，《北京日報》，2002年1月28日。

傅華，〈國外口述檔案工作概述〉，《上海檔案工作》，1993年第3期。

傅華，〈口述歷史・口頭傳說・口述檔案——威廉・W・莫斯先生訪談錄〉，《中國檔案》，1994年第9期。

黃克武，〈語言、記憶與認同，口述記錄與歷史生產〉，《口述歷史進階研習營》，2000年。

斯代夫，B.，〈口述史的性質、意義、方法和效用〉，《北大史學》（6），1999年。

彭建芬，〈用聲音留住歷史——新加坡口述歷史中心簡

介〉,《浙江檔案》,1994 年第 11 期。12

葉永烈,〈口述歷史是「活的檔案」〉,《中國檔案》,1998
　　年第 6 期。

游鑑明,〈歷史口述訪問面面觀〉,《宜蘭文獻》,第 36
　　期,1998 年。

游鑑明,〈從事女性口述歷史的幾個問題〉,《近代中
　　國》,第 135 期,2000 年。

游鑑明,〈鏡花水月畢竟總成空？女性口述歷史的虛與
　　實〉,《口述歷史進階研習營》,2000 年。

游鑑明,〈口述歷史面面觀〉,《近代中國》,第 149 期,
　　2002 年。

楊潔,〈婦女口述史國際學術研討會綜述〉,《歷史研
　　究》,1999 年第 2 期。

楊立文,〈中國的口述史學〉,《光明日報》,1987 年 5
　　月 6 日。

楊立文,〈論口述史學在歷史中的作用與地位〉,《北大
　　史學》(1),1993 年。

楊立文,〈口述史學的現狀〉,1996 年政協文史幹部培
　　訓班講課提綱。

楊立文,〈口述歷史芻議〉,《縱橫》,2002 年第 8 期。

楊仁江,〈口述歷史方法在臺灣傳統建築上的運用〉,

《口述歷史進階研習營》，2000年。

楊祥銀，〈傳播聲音，口述歷史學家和敘述形式〉，《國外社會科學》，2000年第2期。

楊祥銀，〈當代中國口述史學透視〉，《當代中國史研究》，2000年第3期。

楊祥銀，〈試論口述史學的功用和困難〉，《史學理論研究》，2000年第3期。

楊祥銀，〈美國總統圖書館的口述歷史收藏〉，《圖書館雜誌》，2000年第8期。

楊祥銀，〈「檔案學家與口述歷史」芻議〉，《檔案與建設》，2000年第10期。

楊祥銀，〈美國公共歷史學綜述〉，《國外社會科學》，2001年第1期。

楊祥銀，〈當代口述史學研究新進展〉，《北京日報》，2002年1月21日。

楊祥銀，〈當代美國的口述史學〉，《口述歷史》（中國社會科學出版社），2003年第1輯。

楊祥銀，〈口述歷史：理論與方法——介紹幾本英文口述史學讀本〉（組合書介），《史學理論研究》，2002年第4期。

楊祥銀，〈婦女史、口述歷史與女性主義視角〉，《浙江

學刊》，2004 年第 3 期。

楊雁斌，〈淺論口述史學的發展與特點〉，《國外社會科學》，1993 年第 4 期。

楊雁斌，〈口述史的基本理論面面觀——歷史學家眼中的口述史學〉，《國外社會科學》，1993 年第 7 期。

楊雁斌，〈口述史學的綜合性質及研究方法管窺〉，《國外社會科學》，1993 年第 8 期。

楊雁斌，〈口述歷史研究的重要領域——民間敘事文學研究一瞥〉，《國外社會科學》，1996 年第 5 期。

楊雁斌，〈口述史學百年透視〉（上、下），《國外社會科學》，1998 年第 2、3 期。

楊雁斌，〈面向大眾的歷史學——口述史學的社會含義辨析〉，《國外社會科學》，1998 年第 5 期。

楊雁斌，〈歷史之音——口述史學的敘述性質片論〉，《國外社會科學》，2000 年第 3 期。

賈翰文，〈新加坡的口述檔案〉，《蘭台世界》，2000 年第 8 期。

福克斯，J.，〈面向過去之窗，口述歷史入門〉，《國外社會科學》，1981 年第 1 期。

赫伯特·胡佛，〈美國的口述史〉，《現代外國哲學社會科學文摘》，1982 年第 11 期。

蔡篤堅,〈口述歷史實踐與臺灣認同發展〉,臺灣歷史
　　學會 2001 年 6 月 3 日「邁向二十一世紀的臺灣歷
　　史學 ── 反思與開拓」研討會論文

廖斌,〈口述、史料與史著〉,《當代》(臺北),第 125
　　期,1998 年。

齊小新,〈口述歷史在美國芻議〉,《北京大學學報》,
　　2002 年第 3 期。

榮維木,〈口碑史料與口述歷史〉,《江蘇大學學報》,
　　1994 年第 1 期。

熊月之,〈口述史的價值〉,《史林》,2000 年第 3 期。

趙輝、姜之茂,〈新加坡國家檔案館及其口述歷史中
　　心〉,《北京檔案》,1999 年第 11 期。

鄭丹丹,〈痛苦的社會建構── 一個女子的口述史分
　　析〉,《浙江學刊》,2002 年第 3 期。

鄭重,〈唐德剛與張學良口述歷史〉,《萬象》,第 4 卷
　　第 3 期,2002 年。

歐陽思菊,〈「看」誰在「說話」── 萌芽中的女性口
　　述歷史〉,《臺北畫刊》,第 344 期,1996 年。

劉耿生,〈試論回憶錄和口述檔案〉,《檔案學研究》,
　　2001 年第 2 期。

劉國能,〈值得重視的口述史料工作── 訪問新加坡的

一點啓示〉,《中國檔案》,1993 年第 4 期。

劉素芬、壯樹華,〈口述訪談實務與資料處理〉,《口述歷史進階研習營》,2000 年。

劉維榮、林挺,〈美國總統圖書館的口述歷史檔案〉,《湖南檔案》,2001 年第 2 期。

劉亞青,〈獨闢蹊徑 探索新路——徐州市檔案館建立口述檔案〉,《檔案與建設》,1999 年第 11 期。

黎唯,〈婦女口述歷史,人類歷史的另一半——訪中國女性學家李小江教授〉,《民族團結》,1995 年第 8 期。

鮑曉蘭,〈西方女性主義口述史發展初探〉,《浙江學刊》,1999 年第 6 期。

鍾少華,〈中國口述史學芻議〉,《史學理論》,1989 年第 4 期。

鍾少華,〈我的「口述史」工作經驗〉,《口述歷史》(臺北),第 2 期,1991 年。

鍾少華,〈中國口述史學漫談〉,《學術研究》,1997 年第 5 期。

鍾少華,〈口述史學的特點和方法〉,《中華讀書報》,1999 年 5 月 19 日。

鍾少華,〈口述的歷史與歷史的口述〉,《光明日報》,

2002 年 7 月 18 日。

竇應泰,〈張學良一百四十五盤口述歷史資料的誕
　　生〉,《縱橫》,2002 年第 8 期。

龐玉潔,〈從往事的簡單再現到大眾歷史意識的重
　　建——西方口述史學方法述評〉,《世界歷史》,
　　1998 年第 6 期。

三、英文書目

Allen, Barbara, and William Lynwood Montell. *From Memory to History: Using Oral Sources in Local History Research*. Nashville: The American Association for State and Local History, 1981.

Baum, Willa K. *Oral History for the Local Historical Society*. Nashville: American Association for State and Local History, 1987.

Baum, Willa K. *Transcribing and Editing Oral History*. Nashville: American Association for State and Local History, 1977.

Bennett, James. *Oral History and Delinquency: The Rhetoric of Criminology*. Chicago: University of Chicago Press, 1981.

Beth, Robertson M. *Oral History Handbook*. Oral History Association of Australia(South Australian Branch), Third Edition, 1997; Fourth Edition, 2000.

Bornat, Joanna, Robert Perks, and Paul Thompson, *Oral History, Health and Welfare*. Routledge, 1999.

Charlton, Thomas L. *Oral History for Texans*. Austin: Texas Historical Commission, 1985.

Department of Oral History Staff. *Oral History Interview Guidelines*, United States Holocaust Museum. 1998.

Douglas, Louise, Alan Robert, and Ruth Thompson. *Oral History: A Handbook*. Sydney: Allen & Unwin, 1988.

Dunaway, David K., and Willa K. Baum, eds. *Oral History: An Interdisciplinary Anthology*. Nashville: American Association for State and Local History, 1984.

Dunaway, David K., and Willa K. Baum, eds. *Oral History: An Interdisciplinary Anthology*. Second Edition, AltaMira Press, 1996.

Everett, Stephen E. *Oral History: Techniques and Procedures*. Washington, D.C.: Center of Military

History.

Frisch, Michael A. *Shared Authority: Essays on the Craft and Meaning of Oral History and Public History.* Albany, NY: State University of New York Press, 1990.

Gluck, Sherna Berger, and Daphne Patai eds., *Women's Words: The Feminist Practice of Oral History.* New York and London: Routledge, 1991.

Grele, Ronald J. *Envelopes of Sound: The Art of Oral History.* New York: Praeger, 1991.

Grele, Ronald J. ed., *International Annual of Oral History.* Greenwood Publishing Group, 1992.

Havlice, Patricia Pate. *Oral History: A Reference Guide and Annotated Bibliography.* Jefferson, N.C.: McFarland, 1985.

Henige, David. *Oral Historiography.* London: Longman, 1982.

Hoopes, James. *Oral History: An Introduction for Students.* Chapel Hill, N.C.: University of North Carolina Press, 1979.

Hutching, Megan. *Talking History: A Short Guide to*

Oral History. Wellington: Bridget Williams Books Limited and Historical Branch, Department of Internal Affairs, 1993.

Lanman, Barry A., and George L. Mehaffy. *Oral History in the Secondary School Classroom*. Los Angeles: Oral History Association, 1988.

Lummis, Trevor. *Listening to History: The Authenticity of Oral Evidence*. Hutchinson, 1987.

McMahan, Eva M. *Elite Oral History Discourse: A Study of Cooperation and Coherence*. Tuscaloosa: University of Alabama Press, 1989.

McMahan, Eva M. and Kim Lacy Rogers. *Interactive Oral History Interviewing*. New Jersey: Lawrence Erlbaum Associates Publishers, 1994.

Mercier, Laurie, and Madeline Buckendorf. *Using Oral History in Community History Projects*. Oral History Association, Pamphlet Series #4, 1992.

Neuenschwander, John A. *Oral History as a Teaching Approach*. Washington, D.C.: National Education Association, 1976.

Neuenschwander, John A. *Oral History and the Law*.

Oral History Association, Pamphlet Series #1, 1993.

Oral History Department. *Oral History Manual*. Singapore, 1992.

Panos Oral Testimony Programme. *Giving Voice: Practical Guidelines for Implementing Oral Testimony Projects*. Panos Institute, London, 1999.

Passerini, Luisa. *Fascism in Popular Memory*. Cambridge: Cambridge University Press, 1987.

Passerini, Luisa. ed., *International Yearbook of Oral History and Life Stories*. Volume 1: Memory and Totalitarianism, Oxford: Oxford University Press, 1992.

Passerini, Luisa. ed., *International Yearbook of Oral History and Life Stories*. Volume 4: Gender and Memory, Oxford: Oxford University Press, 1996.

Perks, Robert. *Oral History: An Annotated Bibliography*. London: British Library, 1990.

Perks, Robert, and Alistair Thomson eds., *The Oral History Reader*. New York: Routledge, 1998.

Peter, John. *The Oral History of Modern Architecture: Interview with the Greatest Architects of the*

Twentieth Century. Harry N. Abrams, 1994.

Portelli, Alessandro. *The Death of Luigi Trastulli and Other Stories: Form and Meaning in Oral History*. Albany, NY: State University of New York Press, 1991.

Portelli, Alessandro. *The Battle of Valle Giulia: Oral History and The Art of Dialogue*. Wisconsin: The University of Wisconsin Press, 1997.

Purkis, Sallie. *Oral History in Schools*. Oral History Society, 1981.

Raleigh, Yow Valerie. *Recording Oral History: A Practical Guide for Social Scientists*. Thousand Oaks, CA: Sage Publications, 1994.

Ritchie, Donald A. *Doing Oral History*. Twayne Publishers, New York, 1995.

Shopes, Linda. *Using Oral History for a Family History Project*. Nashville: American Association for State and Local History, Technical Leaflet No. 123, 1980.

Sitton, Thad, George J. Mehaffy, and O. L. Davis, Jr. *Oral History: A Guide for Teachers*. Austin: University of Texas, 1983.

Sitton, Thad, George J. Mehaffy, and O. L. Davis, Jr. *Oral History in the Classroom*. "How to Do It" Series 2, No.8, Washington, D.C.: National Council for the Social Studies, 1979.

Smith, Lee. *Oral History*. New York: Ballantine Books, 1993.

Thompson, Paul. *The Voice of The Past: Oral History*. Oxford University Press, 1978.

Thompson, Paul. *The Voice of The Past: Oral History*. Oxford University Press, Second Edition, 1988.

Thompson, Paul. *The Voice of The Past: Oral History*. Oxford University Press, Third Edition, 2000.

Tonkin, Elizabeth. *Narrating Our Pasts: The Social Construction of Oral History*. Cambridge University Press, 1995.

Vansina, Jan. *Oral Tradition: A Study in Historical Methodology*. Chicago: Aldine, 1965.

Vansina, Jan. *Oral Tradition as History*, Madison, WI: University of Wisconsin Press, 1985.

Wigginton, Eliot ed., *The Foxfire Books*. New York: Doubleday, nine Vols. , 1972-1986.

Wigginton, Eliot. *Sometimes a Shinging Moment: The Foxfire Experience*. Garden City, New York: Doubleday, 1985.

四、期刊

1.*BIOS*（德國）

2.*Historia, Anthropologia Y Fuentes Orales*（西班牙）

3.*Historia Oral*（巴西）

4.*International Journal of Oral History*（國際口述歷史協會）

5.*International Yearbook of Oral History and Life Stories*（國際口述歷史協會）

6.*Journal of American History*（美國，一九八七年開始每年九月出版的都有口述史學專欄）

7.*Neho-Historia*（巴西）

8.*Oral History*（英國）

9.*Oral History Association of Australia Journal*（澳大利亞）

10.*Oral History Forum*（加拿大）

11.*Oral History in New Zealand*（新西蘭）

12.*Oral History Review*（美國）

13.*Words and Silence*（國際口述歷史協會）
14.《口述歷史》（臺灣中央研究院近代史研究所）
15.《口述歷史》（北京中國社會科學出版社）

五、網路資源

American Association for State and Local History

http://www.aaslh.org

American Historical Association

http://www.theaha.org

Association of Oral History Educators

http://www.geocities.com/aohelanman

Baylor University Institute for Oral History

http://www.baylor.edu/~Oral_History/

British Library National Sound Archive

http://www.bl.uk/collections/sound-archive/history.html

Canadian Oral History Association

http://www.ncf.carleton.ca/oral-history/

Center for Oral History

http://www.ucc.uconn.edu/~cohadm01/

Center for Oral History

http://www.oralhistory.hawaii.edu

Center for Oral History and Cultural Heritage

http://www-dept.usm.edu/~ocach/index.html

Center for Studies in Oral Tradition

http://www.missouri.edu/~csottime/index.html

Chicago Architects Oral History Project

http://www.arti.edu/aic/collections/dept_architecture/oral
history.html

Conversations with History

http://globetrotter.berkeley.edu/conversations/

Doing Oral History

http://www.doingoralhistory.org/

Folklore and Oral History

http://www.umaine.edu/folklife/

H-Oralhist

http://www.h-net.msu.edu/~oralhist/

Holocaust Survivor Oral Histories

http://www.umd.umich.edu/

Institute of Oral History

http://dmc.utep.edu/oralh/

International Oral History Association

http://www.ioha.fgv.br/

Mexican Oral History Network

Email: smithers@servidor.unam.mx

Mountain Voices

http://www.mountainvoices.org/

National Oral History Association of New Zealand

http://www.oralhistory.org.nz/

National Park Service

http://www.cr.nps.gov/

New England Association for Oral History

http://www.ucc.uconn.edu/~cohadm01/neaoh.html

Northwest Oral History Association

http://www.nohaonline.net

Oral History Association

http://www.dickinson.edu/oha/

Oral History Association of Australia

http://www.geocities.com/oha_australia/

Oral History Association of Minnesota

http://www.oham.org/

Oral History Center

http://www.natlib.govt.nz/index1.html

Oral History Department

United States Holocaust Memorial Museum

http://www.ushmm.gov/

Oral History on Science, Space, and Technology

http://www.nasm.si.edu/nasm/dsh/oralhistory.html

Oral History Research Center

http://www.indiana.edu/~ohrc/

Oral History Research Office

http://www.columbia.edu/cu/lweb/indiv/oral/

Oral History Review

http://www.ucpress.edu/journals/ohr/

Oral History Society (UK)

http://www.oralhistory.org.uk/

Regional Oral History Office

http://bancroft.berkeley.edu/ROHO/

Texas Oral History Association

http://www.baylor.edu/TOHA/

The Whole World Was Watching: An Oral History of 1968

E-mail: dmr@stg.brown.edu

http://www.stg.brown.edu/projects/1968/

UCLA Oral History Program

http://www.library.ucla.edu/libraries/special/ohp/ohpindex.htm

Using Oral History Lesson Overview

http://memory.loc.gov/ammem/ndlpedu/lessons/oralhist/ohhome.html

What did you do in the war, Grandma?

http://www.stg.brown.edu/projects/WWII_Women/

文化手邊冊　66

口述史學

作　　　者／楊祥銀
出　版　者／揚智文化事業股份有限公司
發　行　人／葉忠賢
總　編　輯／林新倫
登　記　證／局版北市業字第 1117 號
地　　　址／台北市新生南路三段 88 號 5 樓之 6
電　　　話／(02)2366-0309
傳　　　真／(02)2366-0310
網　　　址／http://www.ycrc.com.tw
　E-mail ／service@ycrc.com.tw
郵撥帳號／19735365　葉忠賢
ＩＳＢＮ／957-818-641-X
印　　　刷／偉勵彩色印刷股份有限公司
法律顧問／北辰著作權事務所　蕭雄淋律師
初版一刷／2004 年 8 月
定　　　價／新台幣 200 元

國家圖書館出版品預行編目資料

口述史學 ＝Oral history ／楊祥銀著. - -初
版. - -臺北市：揚智文化，2004〔民 93〕
面：　公分. - -（文化手邊冊；66）
參考書目：面
ISBN　957-818-641-X（平裝）

1. 口述歷史

601.6　　　　　　　　　93010367

口述史學

口述史學

口述史學

口述史學

口述史學